互联网背景下思政教学理论与教学模式探究

李秋红 ◎ 著

中国书籍出版社
China Book Press

图书在版编目（CIP）数据

互联网背景下思政教学理论与教学模式探究 / 李秋红著 . -- 北京：中国书籍出版社，2024.2

ISBN 978-7-5068-9804-1

Ⅰ.①互… Ⅱ.①李… Ⅲ.①高等学校－思想政治教育－研究－中国 Ⅳ.① G641

中国国家版本馆 CIP 数据核字 (2024) 第 043958 号

互联网背景下思政教学理论与教学模式探究

李秋红 著

图书策划	成晓春
责任编辑	毕 磊
封面设计	博健文化
责任印制	孙马飞 马 芝
出版发行	中国书籍出版社
地 址	北京市丰台区三路居路 97 号（邮编：100073）
电 话	（010）52257143（总编室） （010）52257140（发行部）
电子邮箱	eo@chinabp.com.cn
经 销	全国新华书店
印 刷	天津和萱印刷有限公司
开 本	710 毫米 ×1000 毫米 1/16
字 数	190 千字
印 张	11.75
版 次	2024 年 5 月第 1 版
印 次	2024 年 5 月第 1 次印刷
书 号	ISBN 978-7-5068-9804-1
定 价	72.00 元

版权所有 翻印必究

前 言

随着互联网技术的飞速发展，我们的社会正在迅速进入一个全新的时代——互联网时代。这个时代的来临对我们的生活、工作、学习，甚至思维方式都产生了深远的影响。对于高校的思想政治教育工作来说，这既是一个巨大的挑战，也是一个极好的机遇。

在这个新的互联网时代，大学生的思想政治教育工作需要与时俱进，积极适应新的形势和要求。同时，互联网时代对大学生的思想政治教学提出了更多的要求。除了传统的知识传授外，我们还需要提高学生的网络素养，培养他们以理性、客观、负责任的态度对待网络舆情。这需要我们在教学内容和方法中增加关于网络素养、媒体素养等方面的教育，引导学生树立正确的世界观、人生观、价值观，传递网络舆情的正能量。

本书第一章概述思政教育的理论基础，主要介绍了思政教育的概念及演进、思政教育的地位及作用、思政教育的价值及目标、思政教育的学科发展等四个方面的内容。第二章概述高校学生思政教育内涵，分别介绍了四个方面的内容，依次是高校学生思政教育的现状、新时期高校学生思政教育工作、网络环境下高校学生思政教育、高校学生思政教育的"三化"路径。第三章介绍互联网背景下思政教学发展现状，介绍了互联网背景下境外高校思政教学发展现状、互联网背景下国内高校思政教学发展现状、互联网背景下思政教育中的媒介发展、互联网背景下思政教育与传统教育模式的发展等四个方面的内容。第四章概述互联网背景下思政教育的转型、机制与体系，详细介绍了思政教育的立体化模式与现代化转型、互联网背景下思政教育的长效机制、维度体系。第五章探讨互联网背景下思政教学中的问题、启示与对策，分别从互联网背景下思政教学的问题剖析、启示分析、对策建议三个方面展开介绍。第六章探讨互联网背景下思政教学模式的改革与创新，分别介绍了互联网背景下高校思政教学模式改革、创新以及互联网背景下新型高校思政教学模式。

在撰写本书的过程中，作者得到了许多专家学者的帮助和指导，参考了大量的学术文献，在此表示真诚的感谢。本书力争内容系统全面，论述条理清晰、深入浅出，但由于作者水平有限，书中难免会有疏漏之处，希望广大同行及时指正。

李秋红

2023 年 7 月

目录

第一章 思政教育的理论基础 ... 1
第一节 思政教育的概念及演进 ... 1
第二节 思政教育的地位及作用 ... 8
第三节 思政教育的价值及目标 ... 13
第四节 思政教育的学科发展 ... 18

第二章 高校学生思政教育内涵 ... 24
第一节 高校学生思政教育的现状 ... 24
第二节 新时期高校学生思政教育工作 ... 26
第三节 网络环境下高校学生思政教育 ... 30
第四节 高校学生思政教育的"三化"路径 ... 33

第三章 互联网背景下思政教学发展现状 ... 37
第一节 互联网背景下境外高校思政教学发展现状 ... 37
第二节 互联网背景下国内高校思政教学发展现状 ... 38
第三节 互联网背景下思政教育中的媒介发展 ... 40
第四节 互联网背景下思政教育与传统教育模式的发展 ... 66

第四章 互联网背景下思政教育的转型、机制与体系 ... 73
第一节 思政教育的立体化模式与现代化转型 ... 73

第二节　互联网背景下思政教育的长效机制⋯⋯⋯⋯⋯⋯⋯⋯⋯⋯99
　　第三节　互联网背景下思政教育的维度体系⋯⋯⋯⋯⋯⋯⋯⋯⋯⋯120

第五章　互联网背景下思政教学中的问题、启示与对策⋯⋯⋯⋯⋯⋯142
　　第一节　互联网背景下思政教学的问题剖析⋯⋯⋯⋯⋯⋯⋯⋯⋯⋯142
　　第二节　互联网背景下思政教学的启示分析⋯⋯⋯⋯⋯⋯⋯⋯⋯⋯146
　　第三节　互联网背景下思政教学的对策建议⋯⋯⋯⋯⋯⋯⋯⋯⋯⋯148

第六章　互联网背景下思政教学模式的改革与创新⋯⋯⋯⋯⋯⋯⋯⋯154
　　第一节　互联网背景下高校思政教学模式改革⋯⋯⋯⋯⋯⋯⋯⋯⋯154
　　第二节　互联网背景下高校思政教学模式创新⋯⋯⋯⋯⋯⋯⋯⋯⋯159
　　第三节　互联网背景下新型高校思政教学模式⋯⋯⋯⋯⋯⋯⋯⋯⋯165

参考文献⋯⋯⋯⋯⋯⋯⋯⋯⋯⋯⋯⋯⋯⋯⋯⋯⋯⋯⋯⋯⋯⋯⋯⋯⋯178

第一章 思政教育的理论基础

思想政治教育是对人的思想、道德、价值观等进行的教育和引导。本章概述思政教育的理论基础，主要介绍了思政教育的概念及演进、思政教育的地位及作用、思政教育的价值及目标、思政教育的学科发展等四个方面的内容。

第一节 思政教育的概念及演进

一、思政教育的概念诠释

"思想政治教育"是思想政治教育学的基本概念，也是基础性概念和核心概念，自从20世纪80年代提出"思想政治工作是一门科学"以来，探讨思想政治教育概念始终是一个热点。

（一）概念现象表达

人类通过概念来认识并反映事物。概念在实际生活中被用来代表事物，以协助人类与周围环境建立联系，因此概念是人类活动中至关重要的一部分。如果一个人没有一套指导自己行为的观念，他就无法在周围的环境中生存。人类通过认知活动形成了知识体系，这个体系由各种概念构成。"思想政治教育学原理"就是由大量概念作为基本元素（或基本原料）而构建起来的体系。我们用概念进行思维，即以概念为工具来进行思维。概念是思维的基础和工具，概念将影响甚至决定我们思维的状况和质量。我们在年龄很小时就接触概念，但那时只认识字而不理解概念，然后随着年龄增长开始慢慢理解概念，但仍然对某些概念亲近，对某些概念抵触，这种情况贯穿于生活、工作与交往中。

（1）概念以客观世界为基础。客观世界的广泛多样决定了对应概念的广泛多样，客观世界的丰富复杂决定了概念的丰富复杂，客观世界的系统层次决定了概念的系统层次。

（2）人的认识能力是有限与无限的统一，决定了人认识概念是个不断深化和精确化的过程。对概念的认识，有着向外延联系宽广和内涵深刻精确发展的可能。

（3）概念是科学认识的结晶。概念是个认识精细化过程，是对名称的反复提炼的结果。一个事物的名称可以是多种多样的，但概念一般只是一个，是经过提炼和精确化的结果，也是科学研究的结晶。概念是人的认识成果，它还包含人的主观性因素，不同人、不同时代对同一对象的认识及用词会有不同，造成不同的特点和意义。即使同一用词，也会有不同的性质和意义。观念的演变是在持续和间断的交织中展开的历史进程。即使一个思想经历多年的考验，也会因为时代的变迁而演化成不同的理念，体现出各自不同的特点和内涵。我们需要承担起研究的责任，进一步深入探讨历史观念。

我们探讨思想政治教育的概念，旨在进一步了解它自身的内涵，扩展思想政治教育学的研究领域，丰富思想政治教育学的知识资源，提升"研究自信"。（1）在探讨过程中，体会到"概念的工具意义"，认识"概念"的重要性；（2）了解思想政治教育概念的现状；（3）感受"研究自信"，并向"研究自觉"过渡，从进入思想政治教育学术领域到思想政治教育科研自觉。

（二）思政教育概念的问题分析

思想政治教育概念至今缺乏权威解读，这固然是热议思想政治教育概念的一个原因，但它还不是根本原因。根本原因在于，长期以来，"思想政治教育是什么"是时时提醒人们要回答的一个问题，这个问题促使我们思考，究竟什么是思想政治教育。尽管设立了思想政治教育学科，但依然没有给出明确的答案来回应"思想政治教育是什么"的疑问。迄今为止，尚未有一种科学界定和充分论证思想政治教育的概念。思想政治教育是什么，还说不清楚。在其他理论与实践领域，思想政治教育名称也没有获得统一。

在社会生活中，思想政治教育或思想政治工作一词没有获得公认，更不要说思想政治教育概念的界定了。在实践中，与思想政治教育有关的用词非常多，如思想政治教育、思想政治工作、思想政治建设、精神文明建设、精神文明创建活动、和谐社会创建活动、党的建设、文明城市建设、先进文化建设、马克思主义学习型政党建设、基层党组织创先争优活动等等。之所以缺乏相对统一的用词，还不能用思想政治教育概念来统一表达同类社会实践活动，在于社会还没有公认思想政治教育概念，或者是客观上无法用一种概念来表达如此多样的社会实践现象。①

（1）思政教育是围绕培养学生的思想政治素养而展开的教育活动，是教育学中至关重要的概念，是一个基础性的概念，同时也是一个元概念。尽管有关思想政治教育的定义存在争议，但这并不罕见，因为许多学科都存在类似的问题。

（2）对思想政治教育的理论和实践进行深入思考和总结的过程以思政教育为出发点。为了实施有效的思想政治教育学研究和建设活动，必须首先确立明确的出发点。

（3）思政教育是探讨思想政治教育其他理论和实践问题的依据。例如，探讨思想政治教育的本质，既可以从"思想政治教育本质是什么"入手，也可以从"思想政治教育是什么"入手。从一定意义上说，从"思想政治教育本质是什么"入手，有些抽象，往往令人费解，也容易陷入理论的困境。而从"思想政治教育是什么"入手，可以从存在入手，直接探讨"思想政治教育是什么"，再去探讨思想政治教育本质。这种从事实入手的做法，可以使探讨的思路更清楚和更明白些。这种探讨路径，也容易获得实际工作者响应，引起更多人的关注和参与。

探讨思想政治教育概念，对于不同社会领域和不同群体来说，有不同的涵义。思想政治教育学者有责任从理论上厘清思想政治教育概念的内涵和外延，给思想政治教育概念下一个相对明确的科学定义。作为思想政治教育学人，进入这一领域，就需要追问"思想政治教育是什么"，随之而来的两个问题应作为基本问题伴随学习与研究活动，一是不断问"思想政治教育是什么"，直至比较清晰；二是力求将思想政治教育概念用科学语言表达出来，能够用它进行思想政治教育理论研究与宣教活动。

---

① 黄德林，邱杰，徐伟. 思想政治教育若干前沿问题研究 [M]. 北京：中国社会科学出版社，2017.

二、思政教育概念的演进

思想政治教育概念历史发展保存着思想政治教育概念演变的丰富信息，既有不同历史阶段人们的认识活动和认识成果，也有认识经验，提供了关于思想政治教育发展的某种规律。

（一）思政教育概念的概况分析

思想政治教育是中国共产党的优良传统和政治优势，是建设中国特色社会主义的重要思想保证。思想政治教育概念不是人们的主观臆造，而是无产阶级实践创造和马克思主义理论创造的产物，它经历了长期的历史发展过程，在与时俱进的代际递进中继承发展。通过较长的历史演进过程，对思想政治教育概念的认识已经形成多种视角。

1. 随马克思主义产生而产生

马克思、恩格斯在19世纪40年代积极参与社会主义运动，并成立了共产党，从一开始就致力于进行广泛的政治宣传和思想工作。在联共第17次代表大会的总结报告中，斯大林对"思想工作"和"政治思想工作"做出了明确的定义，并详细讲解了政治思想工作的要素以及组织工作和经济工作的相互关系。以上马克思主义学者的理论和观点表明，思想政治教育与马克思主义理论创新之间存在相互促进、共同进步的关系。这也是社会主义运动中不可或缺的传统和实践特征。虽然马克思等人没有形成归纳总结的理论体系，但他们已经在实践中积极推进了思想政治教育。

2. 迈入学科化进程

从历史线索和逻辑上来说，思想政治教育这一概念形成历史沿革可以归结为：政治工作—思想政治工作—思想政治教育。中国共产党在创立过程中就非常重视政治宣传，坚持思想政治教育为政治斗争服务。

思想政治教育界提出"思想政治工作是一门科学"，由此开始了思想政治教育科学化进程。随着广大干部、群众和理论工作者的长期实践，"思想政治教育"概念逐渐取代政治工作、政治思想工作等，与思想政治工作概念同时使用，成为新时期一种比较统一的提法。自此，思想政治教育既有理论凝结和抽象，又有实践丰富和发展，可以说从一种自在的工作实践状态上升到理论与实践统一的自觉状态。不过，应当指出的是，现阶段思想政治教育概念主要在高校思想政治教育领域使用，其他领域一般使用思想政治工作、政治工作等概念。

3. 思想政治教育专业设立

在新民主主义革命和社会主义建设的早期，通常使用"理论工作""思想工作"或"政治工作"等术语，强调"生命线"的作用。在改革开放之前，通常用"政治工作"和"思想政治工作"这两个术语来描述该领域的活动，而使用"思想政治教育"一词的较为有限。自1984年高校首次设立思想政治教育专业以来，这个术语的使用逐渐普及。随后，思想政治教育专业体系发展为四个层次，包括专科、本科、硕士和博士点。一大批专家，如张蔚萍、张耀灿、郑永廷、陈秉公、邱伟光、王礼湛和袁礼周等人，对思想政治教育概念进行了深入研究。因此，学术界正在更系统和科学化地研究思想政治教育的概念。如今对于思想政治教育的定义，变得越来越细致，其所涉及的知识面也正在不断拓宽，这为研究思想政治教育提供了极其珍贵的资源。

4. 交叉学科兴起后的概念变化

随着交叉学科理念的兴起，人们自然而然地从多个学科的角度审视思想政治教育概念的变迁，包括但不限于党建、伦理学、教育学和政治学等领域。在新民主主义革命时期和社会主义建设初期，政治工作主要强调政治使命和目标，具有明显的政治色彩，囊括了军人、干部、党员和普通群众。重点在于进行思想建设、思想建党，围绕党的建设的内容更加深入。德育主要包括思想政治和品德教育，是教育学的德育部分。思想教育对象则是所有人，强调对人们进行以政治为核心的思想教育和道德教育，属于教育学和政治学范畴。国内外从政治社会化和政治心理角度研究思想政治教育，形成了政治学视角。随着改革开放的深入，企业界日益重视对人的思想、精神、心理的管理，其中企业文化成为思想政治教育的一个重要方面和形式，管理心理学、行为科学应运而生，为思想政治教育概念界定提供了思想和研究方法的借鉴。

（二）思政教育概念的不同观点

在思想政治教育领域，有一些词汇如"政治工作""思想工作""政治思想工作""思想政治教育""思想教育""思想理论教育"常被使用，但它们的语义相近，容易产生混淆和误用，极大地阻碍人们理解和接受思想政治教育，同时也阻碍了该学科的科学发展。因此，辨别思想政治教育的名称在思想政治教育研究中扮演着至关重要的角色。从学理上说主要有以下观点。

（1）从政治性质、涉及领域以及对象等三个方面进行比较，以系统地梳理并阐明"政治工作""思想政治教育""思想工作"以及"德育"四个概念之间的异同。尽管这些叫法在范围大小上可能有所不同，但它们在本质上是相同的，都具有很强的政治性，而且面向的对象也是相同的。尽管德育侧重于思想道德方面，但也受到政治方面的限制。我们可以将思想政治教育的运作方式归为政治工作模式、思想政治工作模式以及思想政治教育模式三种不同的模式。尽管这三种模式具有相同的历史渊源，但它们在实际运用中呈现出各自独特的特质。因此，我们应该积极促进三者的沟通与协作，并共同努力推进思想政治教育发展，朝着科学化的方向迈进。

（2）分析了政治工作、思想政治工作和思想政治教育的不同之处后得出结论：政治工作是最广泛的概念，包括组织工作、干部工作、统战工作、纪检工作等许多方面。思想工作可以分为政治性思想工作和非政治性思想工作两种。在政治工作中，政治性的思想工作是其中的一项任务。虽然政治思想工作很重要，但其并不是政治工作，而属于思想工作。思想工作和政治工作是两个不同的概念，它们的定义和内容完全不同，不能混为一谈。思想政治教育是将政治工作和思想工作相互融合的过程，旨在加强思想的引领和政治的导向。尽管思想政治教育、政治工作和思想工作存在相似之处，但思想政治教育的意义和范围也是非常独特的。政治方面的限制使得思想政治教育主要强调思想理论方面的政治教育，包括政治教育、思想教育和道德教育。

（3）探讨了道德教育、德育和思想政治教育之间的关系。相较于其他教育领域，道德教育的重点更加专注于帮助受教育者培养正确的道德价值观，增加情感体验，提升道德实践能力，所包含的教育内容主要包括社会公德、家庭美德、职业道德和个人品德四个方面，范围最小。学校德育和思政教育的教学内容都涵盖政治、思想以及道德方面的内容，但是德育的对象范围比较有限，主要是在校学生群体。思想政治教育的对象范围最广,其中包括学校、企业、农村、社区和军队等多个领域中的思想政治教育。

(4)对政治工作与思想政治教育、政治思想工作进行了比较和区分。政治工作是一个整体,思想政治教育和政治思想工作是其中的两个部分。政治工作具有广泛的内容,涉及许多方面,如领导干部队伍的建设、共青团组织、青年工作的开展、民主制度的建设、纪律检查和行政监察以及文艺体育事业的发展等。思想政治教育或政治思想工作,是指对个体的思维和价值观进行引导和塑造的教育和工作,重点在于思想工作。因此,政治工作由许多组成部分构成,其中包括思想政治教育或政治思想工作。

上述四种观点对思想政治教育、政治工作、思想政治工作和德育之间的概念进行了系统的整理和对比,有助于重新认识和区分这些相似但不同的概念,有助于明确这些容易混淆的概念的内涵和外延,也有助于加深对思想政治教育概念的理解。

(三)关于思政教育概念研究的评价

过去,在运用"思想政治教育"时,没有对其进行明确区分,对思想政治教育、思想政治教育实践、思想政治教育学和思想政治教育学科的概念都没有有意识地区分开来。没有这种明确的区分,会影响人们对思想政治教育的理解和认识,并且会对思想政治教育的实践活动和学科建设产生不利影响。反过来说,明确这些概念不仅有助于推动科学研究和实践活动的进步,还可以更好地将理论转化为实践指南。这里出现了两个"思想政治教育",然而,它们所指的涵义不同,第一个指的是涵盖广泛的"思想政治教育",而第二个则是特指"实践活动中的思想政治教育"。

如果不对"思想政治教育"进行清晰的区分,使用同样的术语将会带来表达和交流方面的难题。通过进行区分,我们可以精准地指向特定的对象,并且让表达更加清晰准确。了解思想政治教育的概念差异是思想政治教育学的基本知识学习的基本要求,也是从事思想政治教育工作的基本要求。

第二节 思政教育的地位及作用

思想政治教育是我们党的优良传统，是我们国家的政治优势，在我国长期的革命和建设中发挥着巨大的作用。思想政治教育是用一种有组织、有目的、有计划的方式，通过传授特定的思想、政治和道德价值观，以引导阶级、政党、社会群体遵循社会和阶层的要求。分析思想政治教育的地位，正确认识它的地位，以及重视它的地位，才能更好地发挥它的作用。

一、思政教育的地位

很明显，思想政治教育活动与经济、政治、思想文化活动之间存在紧密的联系，但它并不是一种独立的形式，而是与这些活动彼此交织。在审视思想政治教育的地位时，需要以个体的思想政治素质作为核心，深入探究个体的思想政治素质与其社会活动的联系。我们审视这个问题时，需明确一个前提，即接受了思想政治教育的人既已掌握相关政治思想，还需要不断深化和拓展，否则，进一步的讨论可能会出现重复和困难。经过对"地位"的概念进行阐述之后，我们将深入研究思想政治教育的特殊运行模式。

（一）经济活动

第一，需要将经济利益作为中心点来制定和实施相应的法律法规、规章制度，并最大程度地实现协调社会、群体和个人的长期和短期、整体和局部利益关系，因为利益是最大的激励因素，能激励人们积极行动。若一个社会或群体被激励为实现个人利益而拼尽全力，当他们真正获得相应的回报时，比起法律、规章制度的推动，这种积极性要更高效。实际上，这个过程更多的是因为思想观念的推动，而非简单的利益驱动。人类最初创造出思想、观念和意识的过程，是由物质活动、物质交往和语言在现实生活中相互融合而成的。在这里，人们的物质关系直接决定了他们的观念、思维和精神交往。人并非仅仅受经济因素的驱动，他们同时也是社会和政治组织的一部分。尽管人类经常从事经济活动，但在思想意识方面的观念却超越了纯经济范畴。通常情况下，人们在理解事情的本质后，才会全身心地投入其中，需要了解经济活动的目标对象和方法以追求最佳结果。这就又回到了关于法律、法规和规章制度的制定和实施的本质含义的问题。

第二，将关注群众关心的利益问题置于宣传思想工作的核心位置。通常情况下，经济并不能完全解决人们的问题。只有在我们超越经济层面，从精神和意识的角度来看待问题，才能够真正地解决它们。人们需要理解清楚"道理"，才会全身心地投入到工作中去。这里的"道理"指的并不是经济活动本身，而是与演绎思考相关的意识观念。这就是倡导工作作风和思想鼓动的重要方面。如果我们将思想政治教育视为提供经济活动所需的精神动力，那么其核心在于激发人们的思想。要使人们真正领悟"道理"，并全心全意地履行职责，必须确保实施的法规、规章制度切实保障人们的基本权益和利益。

（二）政治活动

人际关系一直是政治活动的核心所在。如果说展开过程也存在相应的机制和规范，那么相比经济活动，它更加制度化和体系化。由于经济利益的诱惑，人们在从事经济活动时逐渐变得类似于"经济动物"。在这种情况下，人们被强制遵守规章制度，以追求自身的政治利益，从而变成了一种"政治动物"。在政治活动中，人们的主动性和自主性体现得最为明显，因为政治经常是经济上的聚集和体现。在这方面，思想政治有非常广阔的发展前景。具体而言有以下两个方面。

（1）在指导政治建设方面发挥着关键的作用，引导社会各界在思想政治上保持正确的方向和态度。这种建设包括制定政治制度、建立政权机构、制定和执行法律法规和法律纪律等方面。若一个社会群体在经济方面拥有主导地位，却无法妥善处理政治问题，那么其长期运行将受到威胁。在处理政治问题时，需要进行一系列的政治构建工作。政治建设需要先明确其方向、路径和最终目标等关键问题。仅靠经验积累并不能完全解决这些问题，需要借助思想政治的引导，深入探索政治建设的内在本质。正确的政治建设行为是建立在正确的思想政治基础之上的，若思想政治上存在问题，政治建设也不可能达到正确的目标。

（2）思想政治引导人们的社会政治行为。经济领域的思维常常受到物质条件的束缚，但在社会政治活动领域不再有这类束缚。尽管现实中，人们还在经常从"物"的角度来看待和应对人际政治关系。如果希望成为一位出色的社会政治参与者并达到政治社会化的最高水平，那么需要按照现有的社会政治运作机制和行为规范来规范自己的政治行为。所以，为了进行符合规范的政治活动，需要有正确的政治信仰和政治素养。因此，接受正确的思想政治教育培训就显得极为必要。在当下的中国社会，我们必须关注以下两个密切联系的思政教育的培养和训练。

首先，重视加强民主观念的教育和灌输。在实际情况中，民主观念的本质是将民主和法治紧密联系在一起，并且在政治觉悟的高低上表现出对这种联系的不同理解和认识。民主和法治之间有本质的联系，这反映了政治发展的规律。理解这种规律的程度直接反映了个人在意识方面的政治觉悟层次和水平。要具体实现这一点，必须从两个方面进行培养和训练：一方面是全面理解民主的实质、实现方式以及其发展的必经过程；另一方面是熟悉具体层面的实践和操作。为了更好地理解民主的各个方面，需要专注于民主与法治本质上的联系。公民的民主意识包含两个方面，即公民权利和公民义务。只有当公民们认识到权利与义务的统一，才会自觉承担主人翁的责任，并在面对社会、群体和个人利益之间的冲突时做出符合整体利益的明智决策，即"舍掉小我、保存大我、顾全大局"。在这两个领域进行培养和训练是最重要的。

要使培训训练取得良好的成果，需要一种与之相适应的社会文化氛围以及公民自身的实际经验。评估培训效果的标准应基于社会民主生活建设方面的广泛程度和深入程度。以综合的视角来看，它不应该仅仅限于政治领域，而是必须扩展到社会经济、文化和社会生活的各个方面。

其次，加强培养和训练民主制度的规范。实现民主制度需要确立一套完整的民主政治运作机制和行为准则，所有参与运作的社会成员都应适应并遵守这套体系，严格遵守相关规定。因此，社会成员必须接受培训和训练，以遵守民主制度的规范。相对于前一种，可以明显地看出这种培养和训练更加至关重要。培养和训练民主制度规范是社会的事业而不仅仅是个人的任务。在这个过程中，受到培养和训练的个人必须树立强烈的社会责任感，决心通过实际行动来支持和巩固民主制度。民主制度是一种总括性的社会规范，它将民主和法治紧密结合，是人民意志的体现，保障着人民的合理合法的权利和利益，调节人与人之间的关系，监督和规范人们的行为，对任何危害社会的违法行为进行制裁和惩罚。

(三)文化活动

文化在狭义上可被定义为社会的教育、科学、文学艺术和新闻出版等方面。就其对社会的作用而言,文化是用来培育精神的,具备教育的属性。人类的精神在文化创造中得以发挥,反过来又滋养着人类的精神。文化的一个明显特征在于,被养育着的精神又创造了新的文化。

随着时代的发展,我国的社会经济蓬勃发展,思想政治教育的形势也发生了较大的变化,传统的思想政治教育已经不再适用,需要通过教育改革,探索新的教育方式和内容,以更好地满足社会和时代的需求,从而取得更加显著的教育成果。在学校里,学生进行聚集性的生活和学习,这种形式很适合举办文化活动。这不仅能够吸引大量学生参与,而且也有持续时间长、产生广泛而深远影响的特点。因此,文化活动逐渐成为学校思想政治教育的重要方式。将文化活动作为思想政治教育的基础,可以补充显性教育中的不足,并具有深入渗透的潜在优势。

在促进校园文化建设方面,挖掘潜在的思想政治教育资源具有极其重要的意义和价值。隐性政治思想教育的元素无所不在,因此,教育工作者应将这些元素渗透到学生的各个学习和生活领域中,以促进学生形成正确的思想观念,为全面发展打下坚实基础。随着时代的发展,人们开始越来越关注隐性思想政治教育。在此情况下,学校的管理者应该充分利用文化活动这一重要手段,以学生为中心,注重思想政治教育的深化。创新文化活动的形式与内容,丰富学生文化生活,促进学生正确的思想情感的培养,使他们能够树立正确的"三观",肩负起中华民族伟大复兴的责任,并在实现自己的人生目标的同时,为国家和人民作贡献。

二、思政教育的作用

思想政治教育作用不仅要建立在思想政治教育地位的基础之上,还必须受到社会基础和历史条件的制约,并且后者对于思想政治教育的作用来说,具有宏观的、根本性的意义。当前时代与过去时代的很大不同在于,市场经济取代了计划经济,信息化社会逐步取代着非信息化社会。这些巨大的、根本的变革赋予了新时期思想政治教育更大的任务。

（一）保证作用

思想政治教育能把社会所要求的思想观点、政治观点和道德规范灌输给人民大众，使他们理解并支持党和国家的方针政策，培养他们形成符合社会要求的思想品德，进而为社会进步和发展提供保证。这就是思想政治教育的保证作用。从战争时期到和平年代，思想政治教育首要发挥的就是这个保证作用。在构建和谐社会的今天，对科学理论说服力量的重视，对人的主体性的重视，都决定着思想政治教育的保证作用更多地体现为理论的保证作用和心理的保证作用。

实践证明，没有科学理论为指导的实践是盲目的实践，而盲目的实践最终导致失败。在科学理论的指导下去解决人民内部的矛盾和问题，就会沿着正确的方向去做。只有通过正确的思想政治教育，才能把党的基本路线、方针、政策和国家各项法律法规灌输进人心，从理论上让民众清楚地了解到要在中国共产党的领导下，要在中国特色社会主义理论的指导下，走中国特色社会主义之路。这样才能在构建和谐社会的经济建设和各项工作中，防止和排除各种错误思想与倾向的干扰，朝着正确的方向发展。

（二）服务作用

思想政治教育是为社会发展和人的发展服务的，其中，为社会发展服务体现在思想政治教育能团结与动员各方来建设中国特色社会主义社会上。

首先，通过思想政治教育，能让全国各界凝聚人心、统一认识，集中力量办大事，朝着某一个方向发展。在这个过程中，能建立起人与人之间的互相尊重、互相信任的良性关系。这一点是思想政治教育最为闪耀的特色。

其次，通过思想政治教育，能够激发人们的积极性、主动性和创造性。这中间是分党员和非党员两个层次的。对于党员来说，思想政治教育能加强他们的党性，使他们时刻认识到为人民服务的重要性，自觉发挥表率的作用，保持同人民群众的紧密联系，为群众做好事、做实事。对于非党员来说，细致、深入、持久的思想政治教育能动员、鼓舞和团结各族人民，向群众讲清楚进行中国特色社会主义建设和构建和谐社会的意义，把社会发展的意义与自身发展的意义紧密结合起来，激发人们正确的行为动机，并且通过和谐社会环境的营造将思想政治教育更深层次地展开，从人民群众自我价值的实现入手，使他们为实现党和国家确定的经济建设和社会发展的宏伟目标而共同奋斗。

在交替变换的社会职能中，人先天的和后天的能力得到自由的发展，人的才能得到多方面的发展，个人的社会关系得到不断的丰富，最后达到个体与社会的协调统一的发展。在人的全面发展中，思想政治教育要重视人们的思想政治素质和科学文化素质。人的思想政治素质是人最重要的素质之一，它决定着人的发展方向，直接影响着人的智力、体力的发展。科学文化素质在当今越来越凸显其重要性，对科学的崇尚，对世界优秀文化的学习吸收把人逐步培养成德、智、体、美全面发展的人。

通过进行思想政治教育，能最大限度地发挥人的主观能动性和挖掘人的内在潜能。在知识经济时代，人才是最稀缺的资源，各国都纷纷展开人才争夺战。新世纪的人才是具有创造和创新能力的人才。近年来，我国科教兴国、人才强国战略的广泛实施，把人的全面发展和人才资源开发提到了一个前所未有的高度。

思想政治教育在这之中起到的作用就是深度挖掘人的能动性。人的能动性是隐蔽的和有层次的，是不可能自发地完全地释放出来的，因此，要通过思想政治教育，在尊重人的兴趣爱好的基础上，充分发挥人的特长与优势。首先，依据人的天赋发挥人的潜能；其次，调动人的主动性，促成自我学习与追求，帮助人的智力与能力发展；最后，培育人坚定的信念，只有拥有这种信念，才能在长期困苦的科研探索和寂寞的学术之路上不怕困难、勇于牺牲，排除一切杂念和干扰，全身心地投入到崇高的事业中。

综上所述，思想政治教育在中国革命和建设中具有"生命线"和"中心环节"的地位，这个地位是历史实践得出的经验总结。对于当前的经济建设和社会发展来讲，思想政治教育具有保证和服务的作用。但是，这个作用不是一成不变的，会依据时代的诉求而不断变化和丰富。

第三节　思政教育的价值及目标

一、思政教育的价值

思想政治教育的意义在于促进社会的进步和个人的成长。思想政治教育的价值主要体现为个体价值和社会价值。

（一）个体价值

思想政治教育的个体价值是指思想政治教育对个人发展的效用和意义。通常表现在引导政治方向、激发精神动力、塑造个体人格、调控品德行为四个方面。

（1）引导政治方向。通过启发、动员、教育、监督和批评等方式，引导人们的思想和行为沿着符合社会发展需要的正确方向前进，以确保社会发展得到正确引导。改革开放以来经济和社会快速发展，人们的思想观念、价值取向和社会道德标准等与这种变化不相适应，形成了一些模糊的认识。因此，需要通过思想政治教育，引导人们转变落后、错误的观念，正确认识构建社会主义和谐社会的深刻内涵以及中国共产党为构建社会主义和谐社会所制定的各项政策与方针，从而实现中华民族的伟大复兴。

（2）激发精神动力。通过多方面的途径和方式，唤起人们内心的积极性和创造性，使人们积极地为了实现个人的价值和社会主义现代化建设而奋斗。思想政治教育通过对精神层面的影响，间接推动了物质生产的发展。它是人们丰富和拓展精神世界的重要工具，有助于激发人们的智力和创造力，满足人们的需求和情感需求，并以此来推动自我意识和创新思维的发展。

（3）塑造个体人格。一个人的人格是由品格、品质、思想境界、情操格调、道德水平等综合因素所构成的。思想政治教育的核心使命是培养个人健全的品格，以促进社会成员形成高尚、富有内涵的精神世界和健康优良的心理素质。思想政治教育能够满足人们的精神需求，丰富其内心世界。一个人的人格塑造发展的重点在于不断接触和获得来自物质、精神和社会各方面的丰富经验和知识，从而不断提升个人的综合素质。物质文明建设的核心目标在于满足人们物质层面的需求，如食物、住房、交通等，而思想政治教育的职责则是满足人们精神和社会上的要求。思想政治教育是丰富人的精神世界的一种极为重要的手段，它致力于培养人们的政治自觉性和崇高的道德观念，不仅提高了人们的精神层次，还帮助人们更好地了解自己的需求体系并选择正确的实现方式。同时，思想政治教育还有助于人们形成坚定的信念和高尚的理想。

（4）调控品德行为。品德行为调控是指规范、调整和控制人们的思想、品德和行为，以确保其符合正确的思想政治教育方向、目标和行为准则。它有助于指导和规范偏离正确方向的思想品德和行为，纠正和排斥与思想政治教育方向、目标不符的思想品德和行为。现代社会具有开放、复杂、多元和快速变化的特点。这些特征对于人们的思维、态度以及行为方式产生了直接的影响，因此人们的思想、品德、行为呈现出了各种不同的层次、多样性和变化。因此，在当前形势下，必须重视思想政治教育的规范化，充分发挥其规范作用。思想政治教育具有规范作用，它的本质属性决定了它在现代社会发展中的必不可少的地位和作用。

（二）社会价值

思想政治教育的社会价值在于它能够对社会的发展和进步发挥积极作用。经济、政治、文化、生态方面的因素与思想政治教育相互影响，使其具有独特的价值。

1. 经济价值

思想政治教育对促进社会经济的繁荣和增长以及满足人们物质和精神需求方面，有着重要的作用。

（1）思想政治教育为发展生产力提供精神动力。首先，通过思想政治教育，可以唤起人们的工作热情和创新意识，从而推动生产力的提高和发展；其次，通过思想政治教育，可以增强民族自豪感和凝聚力，从而推进社会经济的稳定发展；最后，思想政治教育也可以促进社会公正和人民幸福，推进人类社会的和谐进步，从而推动社会经济全面、可持续发展。由于生产力是经济基础，因此思想政治教育作为上层建筑，在符合马克思主义哲学原理的前提下，必然对生产力的发展产生正面影响。另外，从劳动者相互关系的角度来看，进行思想政治教育可以提升个人的思想品德，促进个人的全面发展，从而为生产力的发展带来推动作用。思想政治教育的目的在于通过引导人们形成崇高的思想观念、遵守正确的行为准则来激发个人生产的热情和创造力，进而促进生产力的高效进步。此外，在产品关系变革的过程中，思想政治教育不仅锤炼劳动者的政治信仰，而且使人们认识到建立适应生产力发展的新生产关系改变旧的生产关系的必要性，促进生产力的解放和发展。[1]

（2）思想政治教育为经济发展提供有力保障。加强思想政治教育，有助于

---

[1] 常建莲. 多维视角下的思想政治教育探索与实践研究 [M]. 西安：西安交通大学出版社，2016.

推动经济发展朝着稳健的方向发展。在经济发展中，思想政治教育发挥着指引和调整方向至关重要的作用。在思想政治教育中，我们应当以经济建设为核心，围绕这一中心来展开工作。在经济领域，思想政治工作扮演着重要的角色。思想政治工作旨在为经济建设提供精神动力和思想保证，因此必须在经济活动的方方面面注入思想政治工作的元素。

（3）思想政治教育为经济发展创造精神环境。思想政治教育可以扫除阻碍经济发展的精神方面的障碍，提供一个良好的精神环境。具体而言，思想政治教育可以促使人们全面地、辩证地看待经济发展问题，指导人们用全面、可持续的科学发展观落实经济社会的全面发展。

2. 政治价值

思想政治教育的重要意义在于维持社会秩序的稳定，促进社会的不断进步发展。在当今社会主义现代化建设的阶段，加强思想政治教育的政治影响具有至关重要的意义。这意味着我们应该有计划地向年轻一代传递主流价值观，包括但不限于共产主义理想、社会主义、爱国主义、集体主义的道德观念以及各种行为规范。这样才能使国家政权牢牢掌握在具有坚定的马克思主义信仰的人的手中，具体表现在以下两个方面。

（1）借助思想政治教育，对整个社会上层建筑进行影响，以引导社会精神生产的方向，并确保本阶级的观念能够成为主流思想。中国共产党利用思想政治教育来引领和协调社会上层建筑的发展，从而对精神生产实施影响和管理。

（2）通过思想政治教育的实施，可以保障社会政治的稳定，促进社会的不断发展与进步。思想政治教育要向受教育者灌输党的理念，以便更好地实现党的方针、政策，推进党的工作。此外，需要积极采纳来自基层民众的意见和建议，为领导决策提供依据。此外，维护社会政治的稳定和发展，还应和社会的其他建设联系起来，如同法治建设有机地结合起来，形成德治与法治统一的功能网络，从而达到维护社会稳定、促进政治发展的目的。

3. 文化价值

作为社会意识形态的组成部分，思想政治教育的价值与文化息息相关。一方面，思想政治教育的价值在于它能够在一定的文化背景下被有效地传达、理解和实践。因此，在考虑思想政治教育的价值时，必须密切关注它所处的文化背景。

另一方面是指个人接受思想政治教育和适应社会以及消化社会规范和价值观念，也就是人的政治社会化。这体现在以下两个具体方面。

（1）思想政治教育的文化选择功能。分为肯定性选择和否定性选择两种。肯定性选择是指吸收与思想政治教育同向的积极文化并将其纳入思想政治教育的轨道，使之成为思想政治教育系统的有机组成部分；否定性选择，即排除与思想政治教育不一致的文化，并避免其对思想政治教育产生负面影响。这样可以确保思想政治教育的目标与价值得到有效的传递和实现。它是一种有针对性的筛选，旨在净化那些对学习者产生负面影响的不良文化，从而推动思想政治教育的积极发展。当前，我国加强思想政治教育的实践不仅注重充分汲取中华民族传统文化的精髓，还适当借鉴和转化了西方文化。

（2）思想政治教育的文化渗透功能。除了主流的社会主义文化，还存在许多其他形式的文化，如企业、社区、村镇、校园、军营和家庭等不同的亚文化。为了促进主流文化的发展和提高包容性，需要仔细思考各个亚文化应该被吸收进主流文化中的合理部分。这种吸收将有助于提高主流文化的质量和完善程度。在社会主义文化的大环境下，必须宣扬社会主流文化，以实现思想政治教育的目标。现阶段，思想政治教育主要注重传承和弘扬社会主义、爱国主义和集体主义思想。思想政治教育应该有渗透文化的作用，使主流文化能够透过各个亚文化的圈子，引导发展、调解文化冲突，并创建和谐的文化交流和融合环境，为推动社会主义文化大发展大繁荣作出贡献。

4. 生态价值

随着环境问题日益严重，人类生存面临着新的危机，思想政治教育也需要应对自身领域的新变化。为了解决这一问题，我们需要摒弃过去的价值观念，并加强思想政治教育对生态环境问题的影响，以全新的视角去迎接时代所带来的挑战。一方面，通过思想政治教育培养人们正确的道德和生态意识，使其时刻关注生态环境，承担起个人及社会应有的责任。通过思想政治教育，人类的精神境界不断得到提升，使人们在改造自然的过程中克服过度向自然索取以及过度破坏环境的行为，以人类社会的全面、协调可持续发展为根本出发点，处理好人与自然的关系，从而使人类与自然和谐相处；另一方面，帮助人们形成正确的生态意识和生态思维。思想政治教育应该帮助人们形成正确的生态意识和生态思维，认识到人类只是大自然家庭中的一名成员，这样，人类的自我实现和幸福感才能得到可持续的保障。

二、思政教育的目标

在开展思想政治工作之前，必须明确具有科学性的工作目标。只有深刻领会高校思想政治工作的目标和层次，才能不断提高工作的针对性和实际效果。"四个服务"（为人民服务，为中国共产党治国理政服务，为巩固和发展中国特色社会主义制度服务，为改革开放和社会主义现代化建设服务）作为对中国高等教育使命的总结，其核心在于讨论培养什么人、为谁培养人的问题。高校思想政治工作的总体规划也在于实现这一目标。高校思想政治工作应紧紧围绕着"四个服务"为中国特色社会主义建设和发展培养符合要求的合格建设者和可靠接班人。总体目标决定了具体目标的制定。为满足各种不同需求和水平的多层次学生以及年轻教师，可以制定具有广泛性和先进性的目标。

从广泛性来看，"四个服务"的目标，需要通过引导教师和学生深入了解中国的国情，全面、客观地认识当代中国和国际社会情况，帮助他们认识自身所承担的时代责任和历史使命，并鼓励他们追求更加宏大的理想，在实现这些理想的道路上持之以恒，坚定自己对中国特色社会主义的信仰，树立正确的世界观、人生观、价值观，并且积极培养自身的信心、决心和意志，以实现中华民族伟大复兴。

从先进性来看，需要在广泛的领域中，深入学习习近平总书记的重要讲话理念，做到真学、真懂、真信、真用。应用马克思主义的观点、方法和态度，探索中国特色社会主义的历史和现实，深度理解人类社会发展的规律，从而更好地把握和理解中国特色社会主义的发展历程，坚定共产主义事业的信仰和信念。

第四节 思政教育的学科发展

科学把握思想政治教育学科发展的主要矛盾在不同阶段的变化，是正确理解学科发展的基本前提。要全面了解思想政治教育学科的发展历程，需要具备对历史的洞察与理解，从该学科的产生、确立、发展等方面去发掘其变化的历史规律。

一、学科初步探索阶段

中国共产党一贯秉持优良传统，注重向群众和青年学子普及马克思主义理论和思想政治知识。思想政治工作系统在革命军队组建之初便设立。通过设立党代表、支部建在连上，该领域有了更加坚实的实践基础和理论准备，这有助于促进其进一步发展。随着改革开放的不断深入开展，许多新的情形和挑战需要解决。1978年，党和国家领导人认识到，要从根本上促进思想政治工作的有序开展，必须依靠科学的理论。在此期间，党和国家领导人相继发表讲话，就建立思想政治教育学科的相关议题展开讨论。在全军政治工作大会上，叶剑英特别强调，我们应当全面、系统地学习和传承毛主席的革命军队政治工作理论，并且在当前的历史背景下持续地应用和普及这些理论。在1980年4月，中国人民解放军总政治部组织了一次会议，邀请了全军各重要单位的政治部主任出席。会议重申政治工作的重要性，指出政治工作是不可或缺的重要组成部分，与经济和军事工作密切相关。韦国清在谈到政治干部又红又专这一问题时指出："政治工作也是一门科学。"[1] 1980年5月底至6月初召开的座谈会，主要探讨了"在改革开放新的历史时期，如何加强企业的思想政治工作"。在1980年8月11日，《光明日报》刊登了一篇名为《思想政治工作是一门科学》的文章，将思想政治教育定性为科学。

在1983年1月召开的中华人民共和国成立以来首届全国职工思想政治工作会议中，明确指出了思想政治工作是治理党和国家的一种学科。中共中央在1983年7月正式下发了《国营企业职工思想政治工作纲要（试行）》，该纲要强调了企业职工思想政治工作的重要作用，并阐明了改革的基本原则、方式和内容，并提出建设一批革命化、年轻化、知识化、专业化的企业思想政治工作干部队伍，符合条件的院校都应增设政治工作专业或者政治工作干部进修班。

二、学科正式确立阶段

1983年年底，国家教育委员会召开了一场讨论会，旨在研究成立思想政治教育专业的实际可行性。来自15所高校的代表参加了此次讨论，并最终一致通过

---

[1] 韦国清.抓好党的建设加强政治工作[N].人民日报，1980-5-9.

了设立思想政治教育专业的提议。在这次会议中,确认了"思想政治教育学"作为一个学科的名字,并将相关的专业建设和人才培养归为"思想政治教育专业"。1984年4月13日,教育部发布了《关于在十二所院校设置思想政治教育专业的意见》,批准了第一批开设该专业的院校。这份文件不仅为学科建设提供了必要的支持和保护,也反映了国家对思想政治教育学的深刻重视。这份文件具有极大的意义,它标志着思想政治教育学科的正式确立,学科发展进入了全新的阶段。"思想政治教育"正式被纳入1987年出版的《普通高等学校社会科学本科专业目录》,成为该目录中的新增专业。1987年5月中共中央在《关于改进和加强高等学校思想政治工作的决定》中强调,"有关院校要认真办好思想政治教育专业,办好第二学士学位班,并创造条件培养这方面的硕士和博士研究生"。[①] 为了更好地贯彻执行上述《决定》,1988年,10所高校决定开始招收第一批专攻思想政治教育的硕士研究生。1990年11月,10所高校成为第一批设立思想政治教育专业硕士学位授予点的学校,包括西安交通大学和华中师范大学等。随着时间的推移,逐步创立了思想政治教育学士学位、第二学士学位和硕士学位,设立学科博士学位授予点也在计划之内。1996年,我国首批授予马克思主义理论与思想政治教育博士学位的院校出现,包括中国人民大学等。博士学位在学科建设中扮演着至关重要的角色。思想政治教育学科全面扩展,逐步增设高校本科、硕士、博士点,展现了学科建设的全新发展平台,标志着该学科的最终确立。2004年初,进行大学生思想政治教育工作调研的中央宣传理论工作领导小组,在对北京大学等20所高校进行的调研中,发现了诸多问题。首先,当前社会发展的需求与马克思主义政治理论课程设置不对接;其次,教育工作者需要提高自身的政治素养,政治理论课的教学方式需创新改变,以吸引大学生的兴趣,提高参与度。这些情形马上引起了中央领导层的关注。随后,教育部党组召开了一场会议,邀请各地教育工委负责人、高校党委书记以及主管宣传思想工作副书记参加,讨论如何切实加强和改进高校大学生的思想政治教育工作,并作出部署。

三、学科深入发展阶段

从2005年开始,中央开始了马克思主义理论研究和建设工程。在《中共中

---

① 中共中央文献研究室.十二大以来重要文献选编(下)[M].北京:人民出版社,1988.

央宣传部、教育部关于进一步加强和改进高等学校思想政治理论课的意见》中，首次明确提出了设立"马克思主义一级学科"的任务，意味着必须在高等学校中进一步强化和改善思政课程，确保马克思主义的学科地位得到进一步巩固和发展。2005年12月，国务院学位委员会和教育部联合下发学位[2005]64号文件。这份文件将马克思主义理论提升为一级学科，并归入"法学"范畴，同时设立了五个相关的二级学科。2008年，中国近现代史基本问题研究成为新的二级学科。完善马克思主义理论学科体系是学科发展的必然方向，也是人类社会发展的必然要求。学位[2006]3号文件《关于下达第十批博士和硕士学位授权学科、专业名单的通知》在2006年1月25日由国务院学位委员会发布，公布了第10批学位点申报结果。在2006年3月18日至19日的全国高等学校思想政治教育研究会学术委员会第二次会议上，就马克思主义学科的边界、层次结构、学科队伍等问题进行了深入探讨，为未来思想政治教育学科的发展提供了参考意见。2010年5月，在北京举办了一次全国加强和改进大学生思想政治教育工作座谈会。会议的讨论内容包括思想政治理论课教育教学、教育环境、大学生管理服务工作等问题。为了贯彻落实党的十七届六中全会的精神，教育部和财政部在2011年制订了《高等学校哲学社会科学繁荣计划（2011—2020年）》。这个计划有着重要的意义，它为哲学社会科学的发展提供了战略性部署，从不同的角度对其进行规划，从而为思想政治教育学科的进步提供了政策支持。

四、学科系统建设阶段

自2012年十八大以来，党中央始终把思想政治工作作为极其重要的任务。2013年8月，习近平总书记在全国宣传思想工作会议上的讲话引起了社会广泛的关注。讲话从党和国家发展全局宏观战略的角度出发，深入阐述了宣传思想文化工作所面临的理论和现实问题，对于促进该领域的长远发展至关重要。2016年5月在北京召开哲学社会科学工作座谈会。会议上，习近平总书记强调哲学社会科学对社会的重要性，并对该领域的成就表示认可。他也指出了当前哲学社会科学所面临的多种困境。习近平总书记指出，为了构建具有中国特色的哲学社会科学，应该在理论体系和人才体系等方面进行努力。习近平总书记在2016年12月召开的全国高校思想政治工作会议上强调，"高校思想政治教育工作是党的一项极为重要的工作"①。习近平总书记强调，为了实现中华民族伟大复兴的战略目标，在教育教学的全过程中必须保证贯穿思想政治工作。这一举措将开创我国高等教育事业的发展新局面。2018年5月，习近平总书记在"五四"青年节和北京大学建校120周年校庆日来临之际，在与北大师生座谈时发表了重要讲话。他指出，"高等教育是一个国家发展水平和发展潜力的重要标志"②。对此，应该在中国大地上认真规划办学方向，努力培养优秀的教师队伍，并着重构建完善的人才培养体系。2018年9月，习近平总书记在全国教育大会上深入阐述了新时代教育工作，具有重大理论实践意义，有助于加快推进教育现代化、建设教育强国，办好人民满意的教育。2019年3月，习近平总书记在学校思想政治理论课教师座谈会上强调，"思想政治理论课是落实立德树人根本任务的关键课程"③。他高度重视思想政治理论，指出思政课教师在推动思想政治教育水平上扮演重要角色，提出了"六个要求"和"八个统一"的新思想、新论断。这些论断为高校思想政治教育指明了方向并提出了新的工作要求。

从2019年10月28日到31日，在北京召开了十九届中央委员会第四次全体会议，会上，习近平总书记再次强调了完善立德树人体制机制的重要性，为实现中华民族伟大复兴中国梦奠定强有力的人才基础。为了实现立德树人的根本任务，思想政治教育学科发展需要进一步深化落实十九届四中全会的重要精神，充分担当学科责任。

到2023年，教育部思想政治工作司于7月14日发布2023年工作要点，总体要求是坚持以习近平新时代中国特色社会主义思想为指导，紧紧围绕深入学习贯彻党的二十大精神这条主线，深刻领悟"两个确立"的决定性意义，不断增强"四个意识"，坚定"四个自信"，做到"两个维护"，坚持和加强党对高校的全面领导，深入推动高校思想政治工作守正创新，坚决维护高校政治安全和校园稳定，强化"质量党建、精准思政、积极维稳、数字赋能、系统推进"，以全面实施"时代新人铸魂工程"为牵引，着力构建高校思想政治工作新生态，在实施科教兴国

---

① 习近平.把思想政治工作贯穿教育教学全过程 开创我国高等教育事业发展新局面[N].人民日报，2016-12-09.
② 习近平.在北京大学师生座谈会上的讲话[N].人民日报，2018-5-3.
③ 习近平.主持召开学校思想政治理论课教师座谈会 强调用新时代中国特色社会主义思想铸魂育人 贯彻党的教育方针落实立德树人根本任务[N].人民日报，2019-3-19.

战略、加快建设教育强国、培养担当民族复兴大任的时代新人新征程上迈出高校思想政治工作坚实一步。①

学科的出现和发展都遵循着历史的规律。尽管思想政治教育学科是在1984年才正式建立的，但其实它的实践活动早在阶级社会时期便已存在，这说明该学科的发展是具有历史合理性的。学科的发展必须紧跟社会变革的步伐，以此回应社会历史问题。学科的发展并非自然而然，而是在逐步解决关键实际问题的过程中逐渐完备的。另外，学科发展呈现出内在的逻辑性。思想政治教育学科的历史发展表明，学科建设通常需要遵循一个固定逻辑，即"是什么""为什么""怎么办"，以此确定学科体系、基本结构、研究范围、队伍建设等。十九大的召开，中国特色社会主义进入新时代，鉴于思想政治教育学科的演变历史，我们需要深入探讨中国特色社会主义理论体系的指导意义，深入贯彻马克思主义理论，紧密关注时代的脉搏，深入融合思想政治教育学科与国情实际，为推进学科的发展而努力。

在所有学科的发展过程中，思想政治教育和德育有哪些关联，这个问题是最难确定的。

从硬的方面来讲，学科指的是一个结构、一种制度，是一种组织形态；从软的方面来说，学科指的是单纯的学科——主要是指文化方面学科。作为"软"学科，它们共同为培养合格的社会主义继承者而奋斗，这些学科的目的都是相同的。思想政治教育和德育这两个概念实质是相同的。德育包括了思想教育、政治教育和品德教育三大方面，这三个方面共同表现出了与社会的紧密关系和在阶级层次上的特殊性质。这三个方面的教育归属于学校教育，它们共同的目的就是教育学生，使其成为对社会有贡献的人。

---

① 教育部思想政治工作司2023年工作要点发布[J].吉林教育，2023（11）：2+97.

第二章 高校学生思政教育内涵

本章概述高校学生思政教育内涵，分别介绍了四方面的内容，依次是高校学生思政教育的现状、新时期高校学生思政教育工作、网络环境下高校学生思政教育、高校学生思政教育的"三化"路径。

第一节 高校学生思政教育的现状

思政教育的目的是通过对大学生的思想进行规范和道德约束，使大学生具备一定组织性和计划性的良好社会道德素质，以促进社会和群体的发展。通过培养正确的价值体系和传授实用的学科知识，能够有效地提升学生的道德素养。高校是培养人才的重要场所，在保证符合国家和社会发展要求的前提下，如何有效进行人才培养是高校思政课程开展的重中之重，也是推动社会主义精神文明建设、确保社会发展进步的关键。

一、当前高校学生思政教育存在的问题

（一）高校思想政治教学模式陈旧、课程设置不合理

目前，尽管时代在不断变化，但大学的思想政治教育课程的更新速度仍然缓慢。大多数教师依然采用传统的教学方式，注重传统知识的传授，而忽视了对世界观、人生观和价值观的培养。因此，学生的政治素养和融入社会的能力没有得到明显的改善。此外，当前高校课程设置方面还存在不合理之处，特别是思想政治课程在整个课程体系中所占比例的不足。一些高校并没有真正意识到该课程的

重要性，甚至有的学校在晚自习时段安排思想政治课，严重影响了学生对于该课程的学习效果。

（二）高校思想政治教学力量薄弱

现如今，我国高校招生规模逐年扩大，高校在校学生的数量不断上升，可是教师队伍却未能跟上增长的步伐。我国不少高校在师资力量方面存在着不足，尤其在思想政治教育领域，问题更为突出。目前，许多高校选派年轻的教师甚至辅导员从事学生的思想政治教育工作。这些教师由于缺乏足够的工作经验，可能会影响到学生思想政治课的教学效果，这是值得关注的问题。

（三）高校思想政治教学缺乏针对性

高校在开展思想政治课程时，需充分认识到大学生之间的个体差异，并针对这些差异开展相应的教学。目前，高校的思想政治课教学普遍存在一个问题——没有充分考虑到学生的个体特点，并未实现因材施教，缺失了相应的原则指导。有些大学没有遵循以人为本的理念，在教育方面忽视了学生的个性发展。学生的独特个性并未受到足够的认可，他们被迫地接受知识，对于思想教育的参与度也较为不足。

二、未来改进高校学生思政教育的方法与策略

（一）加强校园文化建设

第一，应该增强校园文化教育活动的多样性。例如经常举办讲座，邀请专家来校为学生讲授与爱国主义相关的知识；安排全体学生进行专题观影，以强化爱国主义教育。第二，为了有效管理大学生社团，应制定适用于各个社团的规范和管理准则，以促进正确的价值观的普及，营造良好的社团文化氛围。第三，对校园网络管理进行改进，利用互联网实现信息的发布和传播，尤其是宣传代表现代社会的卓越人物的行为和方法，以激发大学生的学习热情；同时引导他们积极传承社会主义核心价值观，帮助大学生提升思维认知能力，防止他们受到负面文化的影响，促进其成长和发展。

（二）改善教学观念，加强教师队伍建设

加强教师队伍的建设是提高思政教育实效性的关键。高校应更加重视思想政治课程的教师储备，为其提供更多职业发展机会和提升综合素质的途径，从而激发其积极性。此外，高校应重视提升辅导员和班主任等教育一线工作者的专业能力，定期为他们提供各种有关政策方面的培训，以进一步提高教师团队的素质，优化教育教学效果。

（三）改进教学方法，注重主动性和娱乐性教学

高校应当着重培养学生对思想政治领域的探究兴趣，激发他们自发地拓展自己的知识广度。因此，为了更加高效地开展思政教育，我们需要将大学生的思想政治教育与当前社会热点密切相联，将其融合在一起，寓教于乐，使学生在学习中获得精神享受，从而接受思政教育。

随着社会的不断发展与进步，高校学生思政教育的形势是比较复杂的。为了培养符合社会主义要求的杰出人才，我们需要探索全新的教学方式，以科学发展观为指导，加强高校思想政治教育，确保社会主义改革方向正确。

第二节 新时期高校学生思政教育工作

中国特色社会主义已经进入了一个崭新的阶段，这是当前我国高校思政教育工作进行变革和创新的重要历史条件。新的时期，国际、国内形势的发展和变化，使得高校的思想政治教育工作进入一个新的阶段，新时期要求高校思想政治教育要不断汲取新的思想政治理论知识，拓展新的教育教学空间。[1]

大学生是国家的希望，民族的未来。大学生是有知识、有文化的一代，不断加强对大学生的思政教育意义重大。在新时期，受多种文化的影响，大学生的思想发生了变化，其个性化的追求日益显现。大学生思想政治的状况与国家的和谐发展紧密相关。在这种情况下，高校思政教育工作必不可少，作者对当前思政教育工作面临的问题进行了分析并给出了一些建议。

---

[1] 王彬彬.新时代背景下健全学校思想政治教育机制探析——以福鼎市思政教学为例[J].福建教育学院学报，2022，23（12）：4-7.

一、新时期高校学生思想政治教育面临的诸多问题

学生的思想不够成熟。当前部分大学生的思想还未完全成熟，独立性不强。随着互联网技术的迅速发展，大学生能够接收到各种各样的网络信息，这些信息影响着大学生的世界观、人生观和价值观。教师要培养大学生的独立性，盲目跟风不可取，只有使大学生形成健全的人格，大学生的身心才能健康发展。大学生是具有蓬勃朝气的一代年轻人，只有提高大学生的思想素质，才能使其紧跟时代发展的潮流，从而推动社会的发展。

学生的自我意识较强，心理承受能力较差。新时期高校学生多为独生子女，部分独生子女从小就处于家庭的中心地位，可以说是在温室里长大的，这类孩子的抗压能力不强，当其面对困难和挫折时容易失去信心。有的独生子女从小就自己一个人玩，长大后面临不知如何与同学、朋友交往的问题，因此培养他们的团队意识极其重要，要让他们明白团队合作的重要性。另外，增强他们的抗挫折能力也是非常重要的，这样可以帮助大学生更好地应对心理问题。

学生对于脚踏实地的重视程度有待提升。理想+脚踏实地=成功。大学生是朝气蓬勃的一代，在刚进入大学时，每个大学生都对未来抱有极大的憧憬，但是一部分大学生在慢慢的学习生活中忘记了自己最初的目标。有了梦想还不够，要加上100%的努力才可能最终获得成功。大学生要脚踏实地，根据自己的大目标，订立每天的小目标，让自己每天都处于学习状态，这样才能不负青春、不负韶华。

二、新时期高校学生思政教育工作的应对方法

新时期高校开展思想政治教育教学是非常有必要的。随着素质教育的进一步深化，社会经济发展、文化进步对人才培养要求也在不断提高，这就需要高校在教育教学中要重视对学生的思想道德素质、专业素质的全面培养，全面开展思想政治教育教学[1]。

---

[1] 郑晓绵.高校弘扬优秀传统文化的意义及路径研究——评《新时代背景下传统文化融入高校思想政治教育探索与发展》[J].中国高校科技，2022（8）：100-101.

加强高校学生思想政治理论教育。当前我国已进入新发展时期，在新形势下，为落实二十大颁布的方针、政策，实现全面建成小康社会的目标，新一代青年应当共同奋斗。目前，我国对创新型且具有社会责任感的人才的需求日益增多，我国高校学子处在时代发展的中心，自我意识较强，是我国创新型人才的主力军。而高校则承担着培养我国新一代青年的重要使命，在高校教育中，要不断加强对学生的政治理论教育，提升其政治素养，使大学生真正理解我国的各项方针、政策，加强对其社会责任感的培养，让青年一代发挥巨大的作用。思政教育者应将大学生创新意识的培养作为一项重要工作，在思政教育中要因材施教，注重学生的差异性，提高学生的创造能力，注重对大学生爱国情怀和集体主义精神的培养，从而推动我国社会的进一步发展。

拓宽教学平台，丰富教学形式。高校是开展思政教育工作的重要阵地，良好的校园文化会对学生产生重要的影响，不仅影响学生的思维方式也会引起其价值观念的变化，教师应引导学生完善人格、遵守道德规范。因此，各高校应加大校园文化建设力度，将思政教育相关内容纳入校园文化建设当中。当今社会网络技术飞速发展，互联网的运用为高校思政教育提供了新的平台。互联网因自身的优越性受到广大师生的喜爱，成为高校学生日常接收和交流信息的重要方式。高校应充分利用互联网的优势为高校思政教育工作的开展提供新的平台，充分调动学生学习的积极性。当然，高校要建立严格的网络管理制度，在校园网中要经常主动发言，加强与学生之间的互动与交流，推动网络思政教育的良好发展。同时，高校也应及时了解网络舆论形势动态，保障网络信息的真实性和思想性，坚决遏制网络中不良信息的出现与传播，引导大学生树立正确的价值观念，从而促使其全面健康发展。

组织开展多样化的思政活动。思政教育作为一种理论，本身就具有抽象、难懂的特点，和其他学科相比较，其学习内容可能会相对枯燥，只有借助于其他载体才能更好地被学生所理解。所以，我们要改变教学模式，创新教学方式，这样我们的思政课堂才能变得生动易懂起来，学生的学习效率也会大幅提高。高校可以举行一些大型的思政活动，如研讨会、学术会、座谈会等方面的思政活动，并且邀请专业人士向学生分享他们的经验，为大学生提供有益的指导。另外，为了达到教育目的，高校也要积极开展与思政相关的活动，让学生积极参与其中，从而让学生更好地理解思想政治理念。比如，高校可以举办话剧节，以话剧节的形式进行主题教育活动，并鼓励学生报名参演，这种特别的主题教育形式能使学生切身体会到剧情中所蕴含的思想政治理念；也可以建立心理咨询相关网站，关心学生的内心世界，为他们排忧解难；还要鼓励学生积极投身到社会实践中，让其主动参加公益活动、勤工俭学活动等，这样不仅丰富了高校学生的课余生活，锻炼了学生的能力，更重要的是他们的思想政治修养也得到了显著提升，提高了高校学生的创新能力，使其社会责任感得到了加强，从而为我国的综合发展奠定了基础。

在开展思政工作时，要牢固树立理论联系实际的思想观念。高校务必要树立理论联系实际的思想观念，及时解决大学生关心的现实和热点问题。教师不能搞形式主义，要以学生为出发点，要将学生的发展与社会的发展结合起来，不断改善思政教育工作的效果。大学生思想上出现的困惑往往是由社会现实所引起的。要想更好地解决实际问题，单凭说教是无力的，在这个时候就要充分发挥思政教育的作用，解决学生遇到的实际困难，坚持理论联系实际的方法。思政教育既要讲道理，又要联系实际、办实事。理论联系实际能够帮助大学生把晦涩难懂的理论知识与具体的社会实践联系起来，教师要将思政教育理论与社会生活实际有效结合起来，从而加强学生对思政教育内容的理解，使学生提升和转变自己在生活中的思想观念。

在新时期，由于高校学生思想意识的形成受到多种因素的影响，所以，高校思政教育是一项重中之重的工作。高校需要综合分析和考虑各种因素，在全方位开展学生思政教育工作时，要将其与校园文化建设、网络建设、社会实际联系起来，营造一个良好的思政教育环境。思政教育工作者也应参加专业培训，明确自身位置，积极承担责任，从学生的角度出发来开展思政教育工作，不断提高自身的教学能力，促使学生形成对思想政治课程的正确认识，引导学生走上正确的道路。高校学生也要从自身做起，树立正确的"三观"，同时自觉抵制不良思想的影响，努力成为新时代中国特色社会主义事业的建设者。

第三节 网络环境下高校学生思政教育

  由于互联网具有双面性，因此高校要重视在线教学平台的安全性。网络的开放性除了在为大学生提供对世界的认识和了解的便利条件之外，也可能对他们造成不良的影响[①]。网络教学为教师提供了更多的资源和工具，使其能够更有效地利用网络技术来丰富教学内容。教师可以将思政教材内容和网络资源相结合，不断反思和总结教学中遇到的问题，并积极探索新的教学方法，从而推动教学方式和内容的创新。随着网络技术的普及，人们面临的信息量越来越庞大，有些学生难以有效地筛选信息。大量不良信息严重影响了学生的身心健康，也阻碍了学校思政教育工作的推进，使其难以有新的突破和发展。但是，网络上同样有许多宝贵的资源可供利用。因此应该加强高校辅导员的思想教育工作，向学生灌输正确的文化理念，帮助他们纠正错误的认知和观念，调整其态度，这样才能保证高校学生的健康成长。

一、网络对高校思政教育工作的影响

  尽管网络跟硬币一样有着正反两面，但只要我们充分利用其优势，将其合理运用于教学中，网络就能成为教学的好帮手，有效激励学生学习。然而，如今学生越来越频繁地使用网络，而在网络中充斥着一些不良信息，这些负面信息对学生的身心健康产生了不良影响，导致某些学生的政治意识逐渐变弱。因此，在开展思政教育时，教育工作者应该着重对学生的网络知识进行培养，而不应仅限于传统教学方式。在进行课堂教学时，教师需要帮助学生正确地认识网络世界中的正面和负面内容，引导他们学会有效过滤有害信息，从而保护学生的身心健康。教师应当巧妙地融合互联网资源和高校的思想政治教育工作，帮助学生树立正确的世界观、人生观和价值观。教师要将网络教学与思想政治教育紧密结合，积极改变教学方式，使思政教育更贴近学生的生活，扩大网络平台在学生生活中的使用范围，促进课堂氛围的活跃，使得学生更易于接受教师的思想政治教育。

---

① 林娟.新时代背景下高校思想政治教育学科发展研究——基于高校思想政治教育学科产出计量与可视化分析[J].大学教育，2020（3）：104-107.

二、网络环境下教师开展学生思政教育工作的措施

（一）加强学生的思想意识，提倡健康上网

随着互联网技术的迅猛发展，高校校园网络已经成为学生学习和生活中不可或缺的重要组成部分。由于高校学生有比较充足的空闲时间，有些同学很可能会过度沉迷于互联网，这种行为可能会给他们的价值观、学业成绩以及身体健康带来不利影响。网络具有双重性质，正确地使用它可以为大学生的学习和生活提供极大的帮助，而不当地运用可能会导致学生接受错误的思想模式和观念，逐渐与正确方向偏离。随着互联网资源的日益丰富，教师需要积极紧跟时代发展，主动利用网络资源寻找最新的思政教育资料，以确保学生能够接受最新、最前沿的思政教育，从而提高他们的政治意识和思想觉悟水平。教师可以引导学生观看网络热点和政治事件的视频，让他们自主思考和理解，从而提升思维水平，更好地认识社会现象，强化思想武装。只有学生具备正确的上网方法和道德观念，才能够从互联网丰富的资源中获取有益的知识。辅导员的职责是指导学生，引导他们选择有益的网络视频，并鼓励他们正确利用网络，以提高对时事政治的认识和理解。此外，辅导员还应当帮助学生寻找满足他们学习需求的资料，引导学生形成良好的品德，并协助他们提高自我管理和自我控制的能力，以获得更好的自我约束成效。为了避免因过度使用网络而上瘾，学生应有意识地控制自己的上网时间，具备自我管理和调控能力，有意识地限制自己的上网行为，抵御各种不良信息的干扰。

（二）利用多媒体开展思政教育

一些高校的思想政治教师仍持有偏见，认为互联网会对高校学生的思政教育工作带来不良影响。然而，这种观点是片面的。受到互联网的影响，学生普遍难以接受传统的思政教育，但对于新媒体思政教育的接受程度相对较高。所以，利用新媒体来开展思政教育工作迫在眉睫。网络思政教育是现代化技术手段与传统思政教育相结合的产物，能够使思政教育工作变得更加高效。教师在对学生进行思政教育教学时，应主动采用多元的媒介手段，比如图片、文字、音频和视频等，来丰富思政课内容，从而提高学生的学习热情。为了让学生真正理解思想政治教育的内容，教师可以利用网络平台，根据每个学生的具体情况和学习特点量身定

制教学方法，讲授精华内容，确保学生不仅能听懂，更能深刻领会思政教育的核心要旨。如今的教学要求在不断更新，但是一些教师并没有对多媒体教学技巧进行充分的掌握，也没有意识到多媒体在教学中所起到的重要作用，因此无法胜任教学工作。所以，高校思政教育从业人员应主动学习和应用多媒体技术，最大限度地发挥其在大学政治工作中的作用，提高学生接受思想政治教育的效率。为了让教师跟上社会发展的步伐，高校应该定期开设网络技术和技能培训课程，以帮助他们更新网络知识。这样，教师通过网络了解世界发展趋势和学生的兴趣所在，可以更有效地进行思政教育工作，让学生更轻松地接受思政教育，使思政教育取得更为显著的成效。

（三）加强监管，普及网络思政教育

我国应该进一步强化法律对网络内容的管控，以减少经常出现在网络上的一些存在错误思想、错误价值观的文章和不当言论。网络伦理已经发展为社会伦理的重要组成部分，若不能妥善解决网络问题，则将会对大学生的思想政治教育造成严重影响。可以以校园为基础建设一个网络监管小组，加强对学生网络活动的监管力度，为学生们提供一个安全的学习环境，杜绝不良思想、言论、文化等进入校园。如果学生的思想出现偏差，教师应该及时引导他们，确保这种不良思想在萌芽之初便被消除。为了确保学生始终坚持正确的价值观，增强其政治素养，教师应该经常举办一些思想政治教育活动，比如大型的思政教育会议，让学生接受更全面和深入的思政教育。高校教师应时刻保持对思想政治舆论的高度敏感性，鼓励学生遵守网络道德准则和规范，促进其网络道德素养的不断提高。

随着网络的全面渗透，高校教师需要探索全新的方式和途径来更好地提高学生的思政教育水平。在尊重传统思政教育的基础上，充分利用网络的快捷与高效，促进高校学生思政教育工作的开展。将思想政治教学和网络技术相结合，是推进思政教育信息化的重要体现。网络教育不仅对高校教师的思想教育工作产生了显著的影响，使其教学理念、方法和内容得到了很大改进，还促进了思政教育的升级和创新。在网络世界中，信息纷繁复杂，因此，教师应当肩负起责任来，教导学生学会正确地识别低劣的信息，并采取必要的手段和方法来监管网络。唯有如此，才能增强学生的思想觉悟，促进思政教育工作的顺利进行。

第四节　高校学生思政教育的"三化"路径

高校是思政教育的重要载体，根据当前高校教学的现状以及思政教育工作的特点，高校思政教育工作走上了生活化、系统化、现代化的发展道路，将学生思政教育工作贯穿于课堂教学、学校管理、文化建设、社会实践等各个环节中，能够确保从教育内容、教育方法等多方面实现全过程育人、全员育人、全方位育人的目的。基于我国的实践需求，当前实现高校学生思政教育的"三化"建设是主要趋势所在，展开"三化"实践活动更是要求高校不断探索、总结经验，开创我国高等教育事业发展的新局面。

一、高校学生思政教育的"三化"内涵和特征

（一）高校学生思政教育的生活化

目前，"生活化"的思政教育与以往的理论课不同，它吸收了马克思主义唯物主义哲学思想，融合人本主义心理学和认知发展理论，有助于更好地引导高校学生参与社会实践，提高学生的综合素质，促进其全面发展。为使思政课程更具体可行，教师应在授课中引用实际生活案例，以便向学生阐释知识，同时帮助他们在理解现实社会各种现象时正确地运用理论知识。采用生动有趣的教学方式，将思政教育内容与学生的实际生活情境巧妙结合，使每个学生都能深入理解和感悟其意义，从而实现全程育人的目标。

（二）高校学生思政教育的系统化

在高校里，思政教育不仅要涵盖学生、教师和教育教学各个方面，而且需要全员全方位地开展工作，每个人都应该积极全程参与、相互衔接、相辅相成，以确保高校学生思政教育的有效推进。然而，目前高校缺乏系统性规划来组织课程，这导致学生只是对思政教育有一些浅显的理解，而无法深入掌握，同时也使得理论教学与实践脱节。一些教师认为，思政教育在其他课堂教学和思想文化领域的育人作用未得到充分发挥，只能被视为哲学社会科学的一种思考范畴。

(三)高校学生思政教育的现代化

教育作为一股重要的力量，推动着社会的进步与发展。随着社会现代化进程的不断加速，教育也在不断向现代化方向发展。思政教育工作者需要根据时代的发展更新和优化教育内容，做到与时俱进，运用现今的信息技术，营造更有助于学习的教学环境；运用最先进的授课模式，提升课堂教学质量。在课堂教学中，需要摆脱传统的单向教育模式，转向更加现代化的双向教育模式。在思政教育当中，需要重视学生的主体地位，通过激发学生的积极性和创造性，来提升教育质量。

二、高校学生思政教育的"三化"路径及其实践探索

其一，高校学生思政教育生活化的实现路径及实践探索。(1)将教学内容和教学方法与学生的实际生活相融合。要求从学生的实际生活出发，将思政教育内容巧妙地融入学生的物质生活、精神生活和课程学习等方面，使教育更加符合学生的实际需要。这种方法能够逐步弥合学生在思政教育理论知识方面的认知鸿沟，全面促进学生对思政教育内容的认同。此外，这种教育方法可以增强教育效果，提高教育质量的实际成果和针对性。传统高校的思政教育通常呈现出单调乏味的授课形式，所涵盖的内容过于枯燥，这种情况会使得学生难以持续保持学习的兴趣和热情，从而导致他们缺乏持久的学习动力。为了激发学生的内在学习动力，老师需要采用与实际生活相关的教学方法，适当引导学生。(2)将教学过程与学生的社会实践有机融合在一起。根据马克思主义哲学，实践是一种有目的、有意识的活动，人们通过这种活动来不断改造自然界和人类社会。为了实现全面教育的目标，我们需要将思政教育与社会实践相结合。这个问题可以从多个方面探讨：培养正确的价值观念、建立完善的党团班级管理机制、激发积极学习态度、精细化学生事务管理、提供心理健康教育和咨询服务、提供健康网络文化、应对校园危机事件、为学生提供职业规划和创业指导等。

其二，高校学生思政教育系统化的实现路径及实践探索。(1)建立系统化的教学内容。高校应该开展全面涵盖政治和法律、思想和道德、心理和健康、形势和政策、职业规划等各个方面的思想政治教育。因此，高校应当以"课程思政"为目标，通过合理设置课程、修订教材、设计教学方案、加强教学管理以及挖掘

各门课程中的思政教育要素来提高思政教育的质量。这样可以将思政教育融入课堂教学的各个环节中，使思政教育与知识体系教育有机结合。(2)实施系统化的教育方法。这一要求旨在提醒高校需要考虑学生之间的个体差异，并根据教育内容的特点采用多样的教育方法，以达到最佳的效果。在现代社会，为了确保教学效果，需要逐步激发各类学生的积极性、主动性和创造性，并在校园文化建设方面，采取"学校设计为先，二级学院为主，专业教师为重，学生行为为本"的四级体系。通过分类促进各个参与对象的积极参与，充分发挥他们的主体作用，从而提高思想政治教育的效果。完备的教育不止要对理论知识进行组织化的整合，同时也包括系统的教学计划和规范的制定。为此，需要确立系统的教学安排，以确保学生能够深刻体会到思政教育的重要性，从而在学习过程中真正受到启发。(3)实行系统化的管理。根据恩格斯的观点，世界是一个相互联系的整体，是一个统一的系统。因此，学校必须在遵循思想政治工作规律、教书育人规律和学生成长规律的前提下，协调课堂教学、学校管理、文化建设和社会实践等各个方面的工作，使各方面相辅相成，相互促进，以实现全过程育人的目标。

其三，高校学生思政教育现代化的实现路径及实践探索。(1)促进高校思想政治话语体系的革新。在一个多元文化不断发展的环境下，一些学生开始质疑思想政治教育对他们产生的影响。高校的思想政治教育者需要更新教育理念，创新教学方法，以满足学生在社会文化和校园文化等方面的合理需求，并将其整合进思想政治教育的教育体系中。在保持思想政治教育的主导地位的同时，不断地满足新时代学生各种文化精神需求，促进学生的全面成长和发展。(2)促进教育载体的革新。传统的思想政治教育主要以课堂教学为主，随着网络时代的发展，高校也需要利用互联网平台来加强思想政治教育的宣传与推广。因此，在教育工作中应将网络管理纳入管理范畴，以保障高校学生的网络观念得到有效的管理和监督。"学习强国"App的出现，将现代高校思政教育和网络合二为一，让学生在社会中更加自信、积极地参与话语权的建构。(3)促进教育人员队伍的革新。要实现"规范化、精细化、精准化"思政教育体系，高校需要付出大量人力、物力和财力来构建一支现代化的教育队伍，创建有效的工作体系和机制，从而有效地推动整个教育工作的现代化进程。

综上所述，高校思想政治教育"三化"发展理论是当前培养优秀人才的创新模式之一。它可以重新认定思政教育在高等教育教学中的重要性和作用,并促进教学流程的全面改进,从而更好地发挥思想政治教育在人才培养方面的作用。"三化"理论是具有重要意义的基础理论,能够培养具备适应时代发展要求的新型人才,从而推动实现中华民族伟大复兴的宏伟目标。新时代要求全体思政教育工作者能够根据生活化、系统化和现代化的不同特征,加强对学生思政教育的重视程度,最终实现"三全育人"的目标。

第三章 互联网背景下思政教学发展现状

本章概述互联网背景下思政教学发展现状，介绍了互联网背景下境外高校思政教学发展现状、互联网背景下国内高校思政教学发展现状、互联网背景下思政教育中的媒介发展、互联网背景下思政教育与传统教育模式的发展等四方面的内容。

第一节 互联网背景下境外高校思政教学发展现状

21世纪，在经济全球化、竞争日益激烈、思想多元化的趋势下，各国综合国力的竞争归根到底是人才的竞争，如何教育培养高校学生接受和树立国家所倡导的观念，形成共同的理想和信念，成为国家和社会所需要的人才，即如何对高校学生进行思想政治教育，已成为发达国家高校教育的重要组成部分。从全球角度观察学校思想政治教育，探索规律，获取启示，对我们有着重要意义。[①]

随着互联网技术的快速发展，各种制度的国家之间在经济、科技和文化领域进行了紧密的交流合作。在这些文化交流、融合的过程中，各个国家并没有忽略思想政治教育的重要性，相反地，更加注重并将其视为巩固本国政治地位以及推动社会进步和发展的关键点。

境外的思想政治教育已经从单一的灌输方式转变为灌输与渗透相结合的方式，这种方式展现出教育隐蔽性的特点。在教学方法方面，许多西方国家已经从重视单向灌输变为重视"灌输与渗透"，以鼓励学生自主思考。资产阶级一直都坚持使用灌输这种思想政治教育手段，从未有所松懈。尽管美国拥有着多元文化

---

① 李义军. 国外学校思想政治教育现状分析及启示[J]. 国外理论动态，2008（09）: 91-94.

和多样化的生活方式，但是其思想政治教育始终保持一元化。核心教育内容包括资本主义以及其卓越性的观念、宣扬公民的权利和义务以及培养国民精神。这些内容长期以来一直保持着稳固和持续性。在境外高校，人本化的思政教育越来越受到重视。这种教育注重培养学生的主体意识和自我发展能力，不再是简单地灌输知识、道理。同时，美国思想政治教育要求教师在教学过程中避免无趣的理论讲解，而是通过互动式的教学方法来激发学生的学习热情和思考能力，此外，美国的思想教育还将其贯穿于历史、政治、经济、心理等学科中，并通过现场实践的方式来展开学校的道德教育，比如鼓励学生参加社会活动、旁听审判大会、政论咨询会、模拟总统选举等活动。美国教育注重改善学生物质和精神环境，这种理念贯穿始终。在很多学校里都设有独特的校徽、校旗及校训。

在西方国家，虽然没有像中国那样将思想政治教育作为一个独立的学科进行统一教育，但是在有关教育学科中，相应的思想、政治和道德教育理念都很活跃，成为重要的人才培养内容。思想道德教育课程的称谓因国家而异，美国和法国将其称为"公民教育"，英国和加拿大则将其称为"政治教育"，西班牙则称之为"共处之道教育"，而日本将其划分为"社会科"和"道德时间"，新加坡则称之为"生活教育"。这些国家通过将其纳入政治学、经济学、心理学等学科中，推广"公民教育""人格教育""价值观教育"等，从而在无形中培育资产阶级的政治观、价值观、道德观。

简单来说就是，思想政治教育的政治功能是通过引导、教育和培养人们正确的思想观念，来增强社会稳定性，促进人民团结一心，巩固政权，并协助解决矛盾和问题。加强爱国主义教育可以体现其政治功能。一个国家政治体制的优劣，能够通过其制度来体现，而支持爱国主义就是在支持国家政治系统的合理性，两者因此相互融合。

第二节　互联网背景下国内高校思政教学发展现状

目前，随着互联网技术的普及和应用，国内高校思政教学也在不断地发展和变革。在这种背景下，国内高校思政教学的发展现状主要表现在以下几个方面。

一、教学模式的变革

如今，传统的思政教学模式已经逐渐被互联网思政教育所取代。课堂指导、独立谈话、开展座谈会是传统思政教育的主要方法，一般情况下，老师在特定的氛围中对大学生的思想进行逐步诱导，使他们形成符合社会发展要求的思想观念。由于这种教育方式的适用范围小，导致其在大学生思政教育中的应用效果不显著。[1]思政教育工作者必须选择合适的场所以及营造和谐的氛围，这是增强教育效果必不可少的前提。如果没有教育工作者创造的良好氛围，则教育效果会不太理想。若要实现优良的教育成果，教育从业者需反复不断地开展教学。相较于传统教育方式，互联网学习让学生更易接收信息，且能够在短时间内快速获取大量的信息资源。

综上所述，思政工作者需要重新思考学生现代化的需要，顺应时代进步的潮流，科学地总结归纳互联网上的信息资源，给予学生正确的互联网资源使用方法。思政教育工作者应主动探索利用互联网等新技术手段进行思政教育，以确保在互联网时代仍能拥有重要的教育地位。

二、教育辅助工具的应用

随着互联网技术的不断发展，学生们可以利用各种网络工具和资源，来获取丰富多彩的思政教育信息和资料。比如说，学生们可以通过学校的官网、公众号和在线课程平台等途径，了解到最新的思政课程安排、教学内容和课程资源，便于自主学习。同时，互联网上还有各种精彩的思政教育视频、音频、文章等优质资源可供学习使用，为学生们扩展了学习思政的渠道，有利于深入掌握思政知识。此外，学生们还可以通过各种社交媒体平台、公开课网站、网络辩论等形式，积极参与思政教育讨论和交流。总之，在互联网带来的便利和丰富性下，学生们应该善于利用各种资源和机会，创造更多的学习机会和成长空间。

三、思政教育内容的更新

随着社会不断发展，思政教育内容也需要不断更新、完善。在互联网的影响

---

[1] 曾洁."互联网+"背景下高校思政教育模式探究[M].北京：世界图书出版公司，2017.

下，一些新的社会现象、新的思想观念也有可能会成为思政教育内容的一部分。这对学生的思想素质提升具有积极意义。①

首先，互联网时代下的一些新的社会现象及其相关数据和信息对于思政教育来说具有重要的参考价值。例如，关于环境污染、城市化进程、青少年网络安全等方面的数据和信息，可以作为开展探究式学习的素材和案例，帮助学生深入了解现代社会的发展状况，激发学生的思辨能力和社会责任感。

其次，新的思想观念也成为思政教育内容的一部分。随着社会的不断发展，人们的思想观念也在不断变化和更新，这些新的思想观念也在思政课程中得到体现和传递。例如，关于个人、家庭、社会、国家的关系，关于全球化和文化多样性的问题以及关于公民权利和责任、社会公正和公平等方面的讨论，都具有重要的思想启迪作用，有助于培养学生的人文素养和思维品质。

最后，互联网技术成为思政教育的重要手段。随着互联网、移动互联网、社交媒体等技术的兴起和发展，思政教育也有了更多的传播方式和途径。例如，可以开展线上线下结合的思政教育活动，或者利用微信、微博、短视频等方式进行思想启迪和素质培养。这些技术的应用，可以更好地满足学生多样化的学习需求和思想交流需求。

总之，互联网背景下的国内高校思政教学发展现状是多方面的。由于互联网技术和思政教育之间的紧密联系，国内高校思政教学将会进一步得到发展和壮大。

第三节 互联网背景下思政教育中的媒介发展

一、手机媒体下的思政新课堂

由于手机媒体具有适应并满足当代大学生网络使用情况的现实需要、极大地丰富大学生思政教育新课堂的内容、巩固思想政治教育新课堂教育成果、提升大学生思政教育新课堂的时效性等优势，使其在开展大学生思想政治教育中具有独特的价值。高校应加大思想政治教育工作者手机媒介素养教育力度，引导大学生

---

① 曾洁. "互联网+"背景下高校思政教育模式探究[M]. 北京：世界图书出版公司，2017.

养成良好的使用手机媒体的行为习惯，积极运用手机媒体打造吸引大学生参与思想政治教育平台，建立完善大学生手机媒体思想政治教育平台运行管理机制。

（一）手机媒体的内涵及主要特征

1. 手机媒体的内涵

手机的不断发展和普及，尤其是信息通信技术的快速发展和计算机应用技术的广泛应用，已经使手机成为一种迷你电脑，具备了很强的通信功能。随着手机使用人数的不断增多，手机媒体也随之兴起。手机媒体被广泛地认为是"第五媒体"，因其具有分众传播目标、定向传播效果和互动传播功能等特点，成为一种新型的媒介形式，与报刊、广播、电视和互联网并列。在这个时代，手机媒体作为数字媒体的一种形式，不仅具有传播效果和传播方式的创新，而且在用户互动上也较其他传媒更具有优势。因此，手机媒体的出现对人类社会的信息传播和交流带来了新的转变，具有重要意义，对于传媒行业的发展和媒介格局的改变也具有不容忽视的影响。

2. 手机媒体的主要特征

（1）移动便携性

随着科技的不断发展，手机处理器的能力也在不断增强。强大的处理器使得手机能够处理更复杂的应用程序和任务，同时保证了手机运行的高效性和流畅性。而手机的体积也因为技术的进步而变得越来越小，更利于随身携带。无论是在地铁、公交车还是户外活动中，手机媒体的使用者都可以随时随地获取和分享信息，大大提高了信息传播的效率和便利性。在手机信号范围内，使用手机媒体的人可以随时随地发送和接收信息，无需受传统媒体时代的地点和时间的约束。手通过手机轻松地发送和接收信息，从而缩短信息传递的时间，提高信息传递的便利性。

（2）即时互动性

与传统媒体不同的是，手机媒体的信息制作、发布和接收周期大大缩短，不再受到时间和空间的约束。使得信息的传播非常及时，真正意义上实现了信息的"流动性"。在移动互联网的环境中，只要有手机媒体，任何人都可以发送、接收和转发信息。这种方式不仅可以实现单向传播，还可以实现双向甚至多向传播，有着很强的互动性。

（3）个人个性化

手机作为一种个性化信息交流工具，是属于私人领域的物品，机主对其具有完全的掌控权，这一点是手机与电脑的主要差异之一。在手机联网的情况下，个人可以利用手机发布最为个性化的信息，以此来最大程度地表现受众的主体意识。通过一对一的传播途径，手机媒体还可以进行信息的个性化定制以及达到小众传播，从而使信息传播更加个性化和差异化。

（二）手机媒体在思想政治教育工作中的优势

1. 满足高校学生使用网络的现实需要

随着时代不断发展，现在的大学生已经适应使用手机媒体来体验各种信息的推送，针对这种情况，在大学政治教育工作中适当引入手机媒体媒介是很有必要的。在校大学生更加勇于探索新的事物和理念，渴望扩展自己的知识领域和了解更多的信息。他们能够接受最先进的科技，能够快速地熟练和使用现代化的工具和技术。此外，他们还更加看重实用性、功能性。对于这一特殊群体，可以通过手机媒介来进行高校思想政治教育。这些年轻人成长在一个观念多元、信息集聚的开放时代，教育方式需要与时俱进。通过这种方法，可以培育年轻人来承接社会主义事业的接力棒，具有极其重要的现实价值。

2. 丰富思政教育课堂内容

手机媒体包括不同类型和规模的受众群体。借助手机媒体，普通受众可以自主发送信息和表达观点，实现了传播者与受众之间紧密的互动。无论是政府官员、社会精英，还是影视明星、草根大众，只要拥有手机，都有机会成为手机媒体的传播者，来自社会各阶层的人都能参与其中。他们以个人的社会背景、知识水平以及自己的利益诉求为视角，利用手机媒体传达政治新闻和各类社会信息，表达对所发生的政治、社会事件的理解、建议，并与共同关注该话题的人们展开沟通。老师可以随时随地通过手机短信、手机微博、手机视频等方式，向学生分享具有思想政治教育意义的资料。手机媒体让大学生能够随时随地获取、查询和查看老师传达的文件，实现了信息的即时化和方便化。这些经历有助于大学生更新观念、深入思考问题，为政治教育注入更多的思想和内容。

3. 整合传媒形态，巩固思政教育成果

手机媒体成为一个集报纸、广播、电视等多种传统媒体内容于一身的综合平台。此外，手机媒体还可呈现文字、图片、视频、网页、电子邮件等多重形式，利用整合传统和创新的功能，使得同一内容可以以多种形式在手机媒体上传播，以满足不同的用户需求。手机媒体是大学生常用的传播工具之一，在同步传播和异步传播的结合下，大学生可以第一时间通过手机媒体了解最新的实际情况，并高效地交流、分享观点与意见。但由于单调的教学模式和沟通途径，学生在思想政治教育方面仅是被动地接受，导致该教育不适应时代的发展。对此，思想政治教育者应该在手机媒体上上传课堂教学内容，激励学生积极地参与课外讨论，解决传统思想政治教育课堂教学模式和沟通渠道简单、时效不佳等问题，从而更好地巩固思想政治教育所取得的成果。

4. 移动便携性，使思政教育新课堂具有可接近性

由于手机小巧便携，能够更好地满足人们的需求，因而通过手机媒体，人们可以更好地熟悉和掌控信息传递的过程，从而更突出自身作为信息主体的地位。现如今，大学生已经将手机视为必备的通信工具，与手机密不可分。他们可以利用零碎时间，如课间或排队时，在手机媒体上查看与思想政治教育相关的资料。这种做法突破了传统思想政治教育课堂的局限，增强了思想政治教育的可达性，在任何地方、任何时间，都能成为课堂。

5. 互动参与性，提升思政教育新课堂的时效性

基于课程时间的限制，在传统的思想政治教育的课堂上，教师只能在讲台上讲述内容，而学生则很少有机会参与互动讨论，只能被动地接受知识，因此，为提高思政教育课堂的效率，需要增加学生参与度，加强互动交流。手机媒体的应用使教师与学生、学生与学生之间可以进行互动，及时沟通想法、体会，这有助于缩小师生之间的距离。在手机媒体传播中，传播者和受众的角色都产生了互动。手机特有的写、拍、录、发功能，加速了普通人成为传播者。利用手机媒体发布信息、图片、视频和评论等，使大学生更加积极主动地学习。思想政治教育工作者能够从学生的评论中获得宝贵的信息，了解学生的思想状况，进而制订更具有针对性的教学计划，从而提高了思想政治教育的效果。然而，手机媒体在大学生思想政治教育中也存在一些不足之处：由于手机媒体上涌现出大量虚假和负面信息，容易使那些身心未完全成熟的大学生偏离正确的价值观和认知观。网络上一些不良思想的出现，使得大学生的道德观念逐渐弱化，责任心也受到削弱，从而导致他们的道德水平下降。另外，长时间沉迷手机等媒体设备，会对大学生的学习、社交等方面产生负面影响，还可能导致心理问题的出现，例如双重人格、强迫症等。这些不足需引起重视并加以解决。

（三）灵活运用手机媒体，打造思政教育的新课堂

1. 加大思想政治教育工作者手机媒介素养教育力度

首要任务是强化对思想政治教育工作者手机媒体素养的培养和教育，提高其运用手机媒体的能力。在互联网时代，加强思想政治教育工作者的媒介素养教育非常重要，可以让工作者更好地了解当代大学生的思维方式、行为习惯和交际方式。同时，这也能稳固高校思想政治教育的"话语主导权"。其次是将教育资源归纳在一起，组织专业的教师团队来系统地教授传播理论知识，并让学生熟悉各种手机媒体的功能，提高他们运用手机媒体的能力。此外，还需要建立实践平台以开展技能训练活动，持续更新知识以应对新状况的发生。最后是采用多样的教育模式，实施小组讨论式的授课方式。针对教育对象的喜好和需求，组建专题小组，在组中开展各种不同的活动，如专题讨论、技能比拼、心得分享等，以促进互相交流沟通，在媒介素养方面进一步取得更好的成果。

2. 培育大学生手机媒体良好使用行为习惯

第一点是提高大学生对手机媒体的认知能力和自主运用能力。提升大学生的信息素养，培养如何运用手机媒体传递信息的能力。第二点是要提高系统性道德知识的传播以及培养良好的行为习惯。把掌握道德准则和正确使用手机媒体融合起来，培养健全的思想，自觉调整自己的行为习惯。第三点是培育大学生形成正确的价值观以及提升其准确的判断能力，并自发地约束自己的行为。帮助大学生在使用手机媒体和面对多种价值观时，加强自身的道德判断，使其能够正确识别真伪信息，不被谣言所误导，不传播有害信息，并自觉制止不良信息的传播。

3. 用手机媒体打造富有吸引力的思政教育平台

一是为大学生提供适合他们需求的主题教育网站，帮助他们进行思想政治教

育。可通过创建一个"红色专题"页面或专门的大学生思政教育版块，为学生们提供相关资源和信息。该页面或版块应包含各种关于时事政策、理论方针、社会新闻等大学生重视的热点话题，并需定期更新，使之成为一个满足大学生需求的集思想、专业、服务为一体的主题网站。二是利用手机短信与手机报技术，在高校中建立一个手机短信平台。使用学生管理服务信息系统将不同类型的信息转换为短信，创作"高校手机报"，可以成为一个承载教学信息和反馈信息的有效工具，通过点对点或群发方式实现。三是通过网络即时通信工具，例如微信、QQ群组等，建立高校思想政治教育信息传播和沟通联系平台，并利用这些平台的优势，来提升教育工作的质量和效率。四是创建一个网络互动社区，借助社交网络发布充满生机、具有创意的思想政治教育的内容，吸引更多的人来关注，达到引导大众思想的目的。五是设计一个思想政治教育的手机APP软件。归纳总结高质量的思政教育资源，优化其功能组成，结合智能移动学习功能，为学生、教学等提供更优质的服务。

4. 完善大学生思政教育手机媒体运行管理机制

为了确保大学生的思想政治教育能够规范、有效地在手机媒体上开展，需改善有关的管理机制。一是考虑建立手机联系网络制度的可能性。制作面向大学生的手机媒体信息联络系统，以便有效地传达信息。此外，领导层应建立反馈机制，以便下属向其反馈信息。二是加强对思想政治教育主体的权责监管。改进大学生思想政治教育手机媒体领导管理机制，确立大学生辅导员工作管理权责制度，以进一步提升教育质量。三是实施全面资助手机媒体的运营，并确保资金保障机制得以完善。实施制度化教育，对大学生进行思想政治教育，在非常时期，还可以考虑提供资费补贴，尤其是针对大学生干部。随着互联网和4G移动通信技术的迅速发展，大学生普遍使用手机媒体。因此，应充分利用手机媒体的优势，完善大学生思想政治教育的手机媒体管理机制，并建立新型课堂，以提高思想政治教育的效果，这对当前形势下大学生思想政治教育的提升有非常重要的意义。

二、以微信公众号等平台为例分析

智能手机的广泛普及，让微信成为大学生不可或缺的社交应用软件。在大学生中，使用微信的比例较高，这为高校通过微信公众号进行思政教育提供了有利条件。微信公众平台的应用在高校思政教育中至关重要，具有独特的优势。这些优势为高校思政教育工作者看重微信公众平台的应用提供了充分的支持。

（一）微信平台在思政教育中的必要性和优势

1. 必要性

首先，越来越多的大学生开始使用智能手机，因此，微信公众平台在大学生中越来越受欢迎。为了跟上时代的步伐，各高校都建立了教育公众平台，其中思政教育平台是稳固社会主流思想与推动社会发展的必要工具。

其次，大学生普遍认可微信公众平台具有方便、经济的优势，利用智能手机作为工具，浏览微信公众平台，能够获取最新社会新闻和舆论动态。随着科技的进步，智能手机的应用越来越流行。由于移动、电信等信息技术的高效运用，无线上网的价格变得更加实惠，这种经济优势加上普及率不断提升的智能手机，适应现代大学生的消费水平，有利于开展思政教育工作。

上述内容说明了微信公众平台在高校思政教育中的必要性。因此，高校应正确使用微信公众平台对学生进行思政教育，帮助他们进一步详细地认识党和国家。

2. 优势

首先，高校思政教育可以在微信公众平台上建立自己的账号，这是因为微信公众平台受到用户喜爱并具有较强的黏性。在微信公众平台上发布与学生学习和生活密切相关的内容，可以引起学生的关注，对学生的言行和思想有一定影响。相较于之前课堂的思政教育方式，微信公众平台让思政教育更广泛地传播并具有实时性优势，学生能够通过微信平台来获取各种类型的思政教育。

其次，微信公众平台可以直接传递思政教育信息给学生，去除了之前思政教育中需要通过学校、思政教师等烦琐步骤，使思政教育信息更加直观准确地面向学生。相较于经过多次传递的信息，学生更倾向于相信并接受直接传达给他们的信息，从而有效提升了思政教育的传达效果。

（二）微信公众平台对高校思政教育的作用

1. 在思政教育活动中的宣传作用

过去，高校思政教育因为教育观念和条件的约束，多数思政教育使用灌输式的教育方式，教育手段、教育过程都缺乏灵活性，难以满足大学生的学习需求。这使得大学生对思政教育有了抵触情绪。在这种情况下，大学生往往会缺席思政教育课程。尽管高校在思政教育方面给予了支持，但因学生对思政教育缺乏兴趣和积极性，因此很难达到最佳的教育效果。而微信公众平台则在思政教育活动中扮演了宣传的重要角色。通过建立相应的微信公众平台，在思政教育方面通过利用微信公众平台的黏性，使得学生自愿浏览公众平台中的资料。从而提高学生的兴趣，使他们在查询的过程中渐渐地掌握思政教育的内容，达到了理想的教学效果。在学校思政教育实践方面，可以融入优秀大学生事迹、新生指南等内容。此外，在这些内容里挑选相应的图片及音乐，并且积极组织微信平台点赞和留言等互动活动，以激发学生对思政教育信息的兴趣，进而更好地实现宣传的效果。

2. 在思政教育中对学生的约束作用

研究表明，大学生的上网习惯集中在课间和放学后。在网络使用高峰期，学校可以发布有关思政教育的资料，鼓励学生在空闲时间观看，培养其对思政教育的关注和兴趣，规范学生的网络习惯。学校各科教师可以利用微信建科目群，以此公布上课的缺勤人员，从而促使学生按时上课。通过强化学生的约束力，并鼓励学生踊跃参与教育活动，来进一步优化教育教学效果。除此之外，在思想政治教育中还要呈现高校实际生活某些正面的个人和事件，让学生记录身边的这些事迹和校园热点，发布到校园思政教育微信公众平台上。这不仅可以为学生树立良好的道德典范，还对一些不良的行为习惯起到一定的约束作用。

3. 对高校思政教育工作者具有教育借鉴作用

高校思政教育工作者通常缺少社会思政教育经验，仅通过掌握思政理论知识来进行思政教育工作。由于任务繁重，他们无法花费过多时间了解其他高校的思政教育工作，且缺乏与外界的沟通，这降低了思政教育工作的效率，进而影响高校思政教育的效果。但是，在思政教育中使用微信公众号有助于解决这一问题。通过微信公众号，思政教育工作者可以更熟悉和了解其他高校的思政教育工作，并学习其他院校先进的思政教育方法，从而改善该校思政教育工作。这不仅减少了高校思政教育工作者的时间，还给予了便利的信息沟通途径。因此，微信公众号在高校思政教育中对教育工作者具有借鉴作用。

4. 在思政教育中丰富理论知识的作用

借助微信公众平台进行思政教育是一种新颖的教育方式，它能够满足大学生对社会新闻、新事物的探究需求，使得思政教育的资源更加充分。使用微信公众平台能够提供更加真实和及时的信息，并且令教育内容更加丰富和多样化。其中，新颖的思政教育观点和教育理念还能够丰富思政教育的理论知识，帮助学生更好地了解并应用理论知识于实际生活中，让高校思政教育更加高效。

总的来说，随着信息技术的快速进步，微信公众平台近几年来在高校思政教育中逐渐成熟并发挥重要作用。高校思政教育借助微信公众平台持续地引入新的教学知识点和学习资料，调动了学生的学习主动性。然而，这需要思政教育工作者深入研究如何更好地利用微信公众平台，充实教育内容，激发学生的学习欲望，从而达到更好的教育效果。

（三）微信公众平台对学生政治思想观点形成的影响

随着教育背景的变化，高校思政教育逐渐将重心转移到了思想引导上，加强对学生社会意识、社会认知等培育。微信公众平台的出现也对此产生了一定的影响，随着时代的变迁，越来越多的人开始运用微信公众平台来传播信息。手机是微信公众平台的载体，以交流沟通为基础，快速、实时地传播信息。由此，这种交流形式越来越受到人们的欢迎。在高校思政教育上，可以利用微信公众平台深入研究以思想引导为重点的教育新方式，促进思政教育工作推陈出新，取得新的进展和成就。

1. 引导学生政治思想观念发展

微信公众平台满足人们对信息化时代的需求，促进他们对信息的了解，提高对事物的评价水平。在互联网时代，高校思政教育可以借助微信公众平台的特点和功能，以引导舆论和规范学生的内心为目的，有效传递思政教育信息。加速对高校思政教育微信公众平台的建立，利用其强大的功能推动学生对知识信息的关注，促进学生之间的互动交流，并指导学生对社论舆情的正确评价。充分发掘思政教育的资源，让学生形成正确的政治思想观念，并培养良好的思想品德，明确自我定位，形成正确的价值观和思想意识。

2. 推动学生理性认识和价值观念回归

随着信息时代的到来,智能手机和平板电脑已经成为学生交流和沟通的重要工具,因此,需要引导学生重新审视这些工具的使用方式与对个人价值观的影响。通过创立网络平台,各种网络信息资源得到了归纳总结,传播信息的渠道也有了多元化的发展走向。此外,移动数字终端正在大力促进网络通信传播的发展。

(四)高校加强思政教育微信公众平台建设的意义

1. 拓展和创新了高校思政教育模式

利用微信公众平台,高校能够更充分地传达思想教育的内容和理念,实现精准有效的教育和指导。同时,学生利用微信公众平台也可以得到更加深入和全面的教育,有助于提升自身的思维能力和综合素质。这样能够促进高校全体师生跟上学科与学术的发展步伐,实现高校教育水平的提升。高校传统的思政教育模式难以激发学生的参与热情,这个问题的核心原因在于思想政治教育的内容单调、枯燥乏味,方式方法传统且单一,传播路径不够互动和开放。高校正在强化思想政治教育,并将其与微信公众平台相结合,以利用微信公众平台的舆论传播优势。这种新颖的教育方式可以弥补传统思政教育的不足,扩大教育内容和增加实践方法。通过正确引导学生的思想观念,促进学生思想认知和价值观的培养,提高学生的思想水平。

2. 对学生内心思想开展实时性引导

微信公众平台能够快速更新舆论信息,及时反映某一时段内的舆情变化,并实时评估舆论反应。高校进行思政教育要做到及时、科学地指导学生的内心思想。熟练掌握社会舆情和学生的思想变化趋势,并指导学生以理性和辩证的眼光看待社会事件。同时,也需要提升学生对舆论信息的辨别力,从而帮助他们养成正确的认识观和评价观,更快地加入对社会主流文化和核心价值观的沟通和互动之中。思政教育微信公众平台的创立,可以帮助思政教育工作者更好地实现教育目标。微信公众平台拥有独特的特点和优势,能够更快速地了解学生的心理与认知状态,有效管理社会舆论,引导学生积极参与社会话题和了解社会热点,从而对学生的思想展开及时引导。

3. 体现了思政教育的时代特征和发展方向

学生在微信公众平台上进行信息沟通和表达意见，充分展现了思政教育与时俱进的特点和未来的发展方向。这些活动都是在数字终端的基础上传播的。这种传播方式与时代信息化沟通是非常密切的，具有强大的实时性。通过加快微信公众平台的创立，高校可以鼓励更多的教师和学生参与沟通和思想互动，从而持续地扩展信息传播的范畴，传播更多的正能量，为社会提供更加稳固的舆论支持。微信公众平台技术具备先进的功能，可以帮助拓展高校思政教育者和学生的思想引导覆盖范围，并发挥新媒体在传播主流文化、核心价值观以及传递正能量方面的影响。高校在强化思想政治教育时，注重微信公众平台的创立，以实现信息网络和思政教育的紧密结合，这既意味着高校在思想观念上的更新，同时也是高校思政教育模式创新进步的体现。这不仅展现了思政教育在当代社会的特色，也预示了思政教育未来的发展趋势。

（五）高校微信公众平台思政教育引导模式

1. 网络思政教育和课堂思政教育相结合

在当下，大学生对于社会舆论传播的关注度日益增强，认知面也逐渐变大。因此，在高校微信公众平台上，采取了将网络思政教育和传统课堂思政教育相结合的方式。在现今的大学校园中，多媒体数字终端逐渐被广泛采用，这引起了舆论的高度重视，从而导致学生的社会认知和心态逐渐发生改变。高校可以利用微信公众平台的舆论信息传播特点，并结合校园内网络技术的现状，探索新的思政教育路径。可以鼓励学生参与舆论探讨、师生互动、生生互动，科学正确地观察学生的内心思想变化，之后利用网络思政教育和课堂思政教育相结合的形式，对学生进行社会舆论指导和思想政治教育。这既可以增强传统思政教育的效果，还能够快速地促进学生思想政治观念的形成。

2. 直接引导与间接引导相结合

当前，随着时代的进步，为了有效地引导学生积极参与思想政治教育，高校需要采取直接引导与间接引导相融合的新思政教育形式，利用教育资源和教育环境等方面的优势。通过引入微信公众平台，来改善思政教育的方式和手段，增加教育途径，同时激发学生主动学习思政知识的热情，使得学生能够更好地表达内心想法并对社会有更加具体的认知。为了实现思政教育的目标,需要同时利用学校课堂和社会环境两个方面的资源,同时充分发挥新媒体的力量,来引导学生养成正确的政治心态。

3. 形成将日常管理工作融入思政教育的新常态

通过利用微信公众平台,促进思政教育的广泛传播、及时更新、高度互动和公众参与。高校应加快思政教育微信公众平台创立,并注重日常管理工作。同时,利用微信公众平台了解社情民意和学生思想变化,及时掌握学生思想意识的发展状况。将思政教育与社会舆情和学生心理、思想相结合,对学生开展思政教育指导,抓住思政教育的主要阵地。推动指导思政教育工作的开展,帮助高校思政教育新常态的形成。开展高校的思想政治教育工作,应当通过研究校园微信公众平台的影响机制,充分利用现代科技来扩展思政教育途径,探索创新教育方式,建立满足学生需求、贴近现实、展现校园特色、提高工作效率的新模式。这样才能使高校思政教育跟随时代发展以及引领思潮,为培育出符合社会主义要求的青年接班人和优秀建设者提供可靠的思想政治支撑。

(六)微信、微博等平台的管理模式

据有关数据表明,微博、微信已成为大学生们喜爱的平台,超过三分之二的学生选择使用它们。这是因为它们传递信息的速度快,能够与朋友进行即时分享,更符合大学生们日常的交流方式。因此,对于生活中出现的现象,大学生们更倾向于通过微博与微信来分享。不同的制造商、品牌等都在通过微信、微博等方式来改变他们的经营方式。大学社团一般都会创建自己的官方微信和微博账号,这些账号可以用来发布社团信息、互动交流,并掌握成员的最新动态信息等。在互联网快速发展的当代,微信正渐渐地改善大学生的社交方式。作为高校思政教育工作者,应该快速抓住这一机遇,学会使用微信并与学生互动,建设新颖的交流平台。通过微信了解学生的思想动态,真正走进他们的内心世界,将思政教育观念融入学生的信仰和理想之中。

1. 微博、微信的思政管理优势

微博和微信在校园网络文化方面的优势,能够为思政教育工作的顺利实施提供有力支持。随着微博和微信的盛行,学生们交流的方式发生了变革,为高校实施思想政治教育提供了新的教育方式。可以利用高校官方的微博或微信账号，向同学们传递积极乐观的文化信息。同时，结合高校社团和学生开展的活动，实施微信和微博等互动形式以传播学校的管理理念。这样可以避免仅依赖学校领导单向发布信息的情况，同时还能充实校园网络文化内容，密切结合高校思政教育工作，让其更快地跟上时代步伐并适应社会的变化，为高校思政教育工作顺利进行提供了全新的载体。

微博和微信为学校管理学生提供了有效渠道，使学生成为高校管理的重要参与者。学校可以利用微博与微信及时了解学生的喜好和关注的内容，并在学生发布困难、意见时，借此机会改进思政教育方式，解决管理问题，真正提升高校思政教育的质量，满足学生的要求和需求。现如今，学生们已经广泛采用微博和微信这两种新型互动媒体。在科技不断进步的今天，高校需要跟上时代的步伐，更新思政教育管理模式，利用微博、微信等社交平台发布学生关注的问题、话题，以此增进学生对学校的归属感和认同感，使其更加积极地参与学校管理，共同促进高校思政教育工作的开展。

（1）微信有利于思想政治教育管理生活化

高校教师和辅导员需要深入了解大学生的认知和对生活的感悟，才能够实现对其思想和价值观的有效引导。微信成为大学生进行生活交往和与外界沟通的主要渠道，也成为他们展示自我的平台。在当今社会中，大学生利用微信平台进行交友、表达情感和分享信息。由此可见，微信成为高校教师和辅导员深入了解学生生活及精神世界的最佳途径。教育者能够与学生创立友好关系，在实际生活中，可以利用"朋友圈"掌握学生的思想状况和个性特点，从而更加精准地进行思政教育和指导，使思政教育更加灵活和有针对性。教育者还能够利用"朋友圈"分享一些富有正面思想的图片和文字资料，以引导学生接受思政教育。通过这种自然轻松的沟通方式，脱离了传统教育的说教的教学模式，从而将思政教育理论和精神融入学生的生活。

（2）微信有利于学生自我思想管理主动化

在大学里，老师和学生之间的直接交流相对较少，教师在上完课后通常就离开了，而学生需要在不同的教室之间穿梭，很难抽出时间互相交流。而微信提供了一个便捷的沟通平台，学生可以随时随地与老师互动，从而提升自我思想管理能力。由于场所和时间的限制，辅导员与学生的交流主要通过开班会、发布任务、组织活动和走访宿舍等方式，这使得很多同学无法与辅导员进行面对面的谈话和交流。同时，许多学生也并不愿意独自前往辅导员的办公室进行交流，这导致高校师生之间存在着较大的距离感。微信的出现打破了传统的师生格局，使得教师和学生之间形成了平等的伙伴关系，可以相互追踪动态、交流想法并且开展实时的沟通。在思想政治教育中，如果学生遇到了自己无法处理的问题，可以主动地利用微信与老师进行语音或视频。在这种互动中，学生可以说出自己的问题，与老师进行及时的沟通交流，并得到相应的指导，以帮助自己更好地开展实践活动。

（3）微信有利于思政教育人员工作创新

在大学中，教育工作者面临诸多限制，如师生之间交流时间有限，通常仅限于上课时间，并且多数情况下只是单向信息传递，缺乏深入思想交流的机会。因此，利用微信可以促进思政教育的创新，帮助教育工作者更好地与学生展开内心世界的交流。此外，因为大学生没有固定的教室，学生和教师会缺少归属感，缺乏一个能够让自己平静下来进行交流沟通的场所。一些在表达方面有困难的学生，可能在整个学期里从未与老师交流过，更不用说进行深入的思想交流了。然而，随着微信在大学中日益流行，教师和辅导员开发出一种新的互动和交流渠道，能够借助微信的"朋友圈"功能了解学生的日常动态和对社会现象的见识。通过发送消息、语音和图片等方式，师生之间建立起更为亲密的关系。这种方式不仅缩小了师生之间的心理距离，而且拓宽了思想政治教育的范围。学生也能在日常生活中形成正确的人生观和价值观，提高思想政治素养。微信交流可以让那些表达能力不强的学生在避免面对面约束和紧张的情况下更加顺畅地进行交流。高校思想政治教育工作者应主动了解微信的特点，并巧妙地运用微信功能，以微信为工具，创新思想政治教育形式，不断更新思想政治教育工作，与时俱进。

2. 建设微博、微信管理模式

为了创造新的思政教育管理模式，须意识到在社团活动、师生交流、校园信息发布等方面利用微博与微信发挥其积极影响。因而，高校管理层应当非常注意微信和微博在师生中的使用情况，所有高校都应该进行调查以掌握学生使用微信和微博的目的、频率和人数等信息。此外，高校还应以此为基础创新现有的思政管理模式，做好适应学校情况的规划。

呼吁校内广泛使用微博、微信社交平台。在考虑各高校思政教育管理现状的基础上，应鼓励各个学院、年级、班级、学生组织以及社团等创立自己的微博和微信账号，并通过这些平台发布相关信息，以便学生能够及时了解校园动态、社团活动、班级议程等，从而更好地安排自身的学习和生活。微博和微信为各个学生组织、社团、班级和学院提供了信息交流的渠道，促进了相关活动的顺利进行。此外，教师可以利用微博和微信与学生沟通，逐渐掌握学生的爱好、情感生活以及业余生活等，从而突破"教师上完课走人，师生见面互不认识"的隔阂。

改进管理制度。如果高校思政教育工作者希望将思政管理工作向"微时代"转化，就需要确立一套更科学、更有效、更规范的制度。为了确保微博和微信思政教育的有效性，高校领导需要重视，且对其进行规范管理，并持续创新思政教育的管理模式，可以从以下几个方面入手。

首先，要严格控制学生社团、组织、班级、学院以及学校在微博和微信上所发布的内容。为此，应该安排专门的人负责发布信息，并确保内容是积极乐观的，能够激发学生积极参与，重视学生关注的热点问题，让学生利用微博和微信传递对身心健康有益的信息。并且，重视学生的反馈信息，设立微博、微信沟通交流群，并指定专人管理，鼓励学生就不同的话题和事件表达自己的观点和建议。如高校可以利用微博平台开展宣传学习雷锋精神活动，鼓励学生向雷锋同志学习。学校还可以鼓励学生在微博上分享自己对雷锋的感受，之后选出优秀微博，并推广传播。在大学生心理健康活动期间，高校应该运用微博或微信等社交媒体平台来发布激励和启发学生的温暖语句。让这些语句能够改变学生对一些事物的理解，从而促进他们的成长与发展。

其次，要有效管理微博信息。委派专人负责管理学生组织或社团的微博、微信，以确保微博的信息得到有效监督和管理。在使用微博和微信进行管理时，需要时刻关注出现的问题，并确保发布的信息符合学生需求。同时，需要制止发布消极信息并对某些社团和学生组织故意发布不利于高校和社会发展的消息进行遏止。在这种情况下，必须进行实地调查以加速公布真实信息。

增强微博、微信管理人员的专业能力。现今，高校推进新型的思政教育管理方式，还需要提升管理人员的素质。高校应该从那些既有政治素养，又能擅长用新媒体的学生中挑选出一些杰出的人才，与学校微博协会合作，来管理微博与微信等平台。此外，可以聘请曾在相关领域担任过管理职务的人员，如社会人士或来自其他学校的专业人才，对高校思政教育的管理情况展开监察。此外，高校领导可以联系微博运营商，邀请其担任管理顾问，协助规划高校微博、微信的核心定位、市场推广策略、栏目内容设计以及语言表达等方面的工作。使用微博即时沟通功能，高校领导可以更快地与学生沟通，从而加强和学生之间的联系，并仔细倾听学生的反馈建议，详细了解学生的现实情况，帮助他们处理问题，进一步改善高校的思政教育管理。

改进新型媒体的使用策略，激发学生的参与热情。高校团委需要精心策划微博、微信互动，推出一系列新颖有趣、满足学生喜好的活动。通过互动，积极传递团委管理思想给学生，加深学生对学校管理理念的了解，帮助学生养成在日常生活和学习中严谨规范的行为习惯，为推行学校管理理念做好准备。此外，学校团委使用微博和微信等社交平台，主动了解学生的动态，旨在逐渐完善现有的思政教育管理工作，推动高校思政教育水平的提高。

4. 发挥微博、微信的多元功能

在"微时代"的背景下，高校思政教育管理要以互动、探讨、情感为主的教育形式，积极创新并吸引大学生的关注。这种教育方式需要具备创新性、包容性和互动性，以促进学生的思想发展、情感认知。高校的思政教育管理者应该充分利用微信的特点和功能，开展新型的工作方式。

（1）发挥微信沟通功能，提高思政管理效率

因为大学中师生之间的交流渠道、交流时间有限，所以微信的交流功能为师生之间提供了无限的交流空间。高校教师和辅导员可以把微信号告诉学生，通过添加好友建立联系。这样，师生之间能够通过微信进行及时的交流，包括发送图片、语音聊天、视频聊天等方式。这种好友关系可以实现师生在课堂内外、线上线下的有效沟通。微信作为一种沟通工具，能够增强师生之间的平等感和亲近感，学生也更倾向利用微信与老师交流心理困惑和思想问题，便于老师了解学生的思想动态，对他们进行及时的思想引导和交流，从而脱离刻板的思政管理并提升效率。

（2）发挥微信群组功能，建立思政管理团体

根据大学班级没有固定教室以及凝聚力较差等问题，建议高校教师和辅导员

利用微信群组功能，创建一个名为"微班"的班级管理平台。这种管理方式可以在微信上下达通知、组织班级活动、安排课程以及讨论学习等相关事宜。在"微班"中，无论何时都可以提出问题或建议，并可供其他人及时回答和分享感受，同时，这种平台还可用于情感交流。老师可以开设一个班级专属的微信公众号，并由班级辅导员来负责管理和维护此公众号。老师可以利用微信公众平台发布一些学生感兴趣的知识和文章，以此来扩大学生的知识储备量，提升他们的思想涵养和素质。利用微信作为交流工具，创建微信班级管理团队，以此建立一个具有凝聚力、沟通力的班级管理团体。

（3）发挥微信圈子功能，强化思政管理手段

教师的行为言语对学生有着深远的影响。而朋友圈不仅是一个可以表现自我的舞台，还是一个能够传达正能量的平台。老师可以借助"朋友圈"，发布一些正面积极的言论，分享自己的思想见解和图片，传递有着深厚涵义的文章或引用对学生人生观和价值观具有积极影响的资源链接。同时，教师还能够通过观察学生"朋友圈"的内容，来掌握学生的喜好、关注点以及思想转变等情况。只有真正了解学生，才有可能与他们产生共鸣，提升关系的亲密度。

（4）发挥微信提醒功能，拓宽思政管理路径

因为大学生时间较为自由，许多学生难以有效地安排自己的学习和生活，导致了作息不规律、迟到上课和未能按时完成作业等问题的频繁发生，考虑到大学生通常缺乏长期性和自我管理的能力，老师可以利用微信的提醒功能，采用语音、QQ或短信等多种形式进行提醒，帮助学生规划时间、建立良好的作息和学习习惯。有时候，学生们会因收到一张提醒笑脸或听到一段暖心的提醒话语而倍受感动，由衷地接受提醒，并及时作出改变。实际上，真正有效的思想政治教育应该是一种潜移默化的影响，只有以更优秀的方式切实接触学生，才能真正深入他们的内心。

3. 做好微博、微信的管理工作

高校应成立专门的管理小组，负责微博和微信的管理工作。不同高校应该根据实际情况，把"微管理"试点在学院层面，不断总结试点经验，评估效果，并逐步在全校推广，以提高高校的思政教育管理水平。

激发学生的主动性和创造性。在符合法律规定的前提下，微博和微信成为人

们展现个人情感、发布信息的重要平台，对于言论自由也起到了重要的促进作用。在管理学生的微博和微信时，高校应该充分尊重学生的主体地位，不约束他们的言论，让他们能够真实地表达自己的想法。如果学生提出了有关学校建设和教师教学的建议和看法，学校的微博管理人员应该按时整理归纳并向学校的思想政治教育工作者反馈，并仔细查看学生的意见，改变目前高校思政教育工作过于"命令式"和"官方化"的现状，真正做到尊重学生的主体地位。

认真面对危机，以保证健康有序地发展。微博和微信的出现给高校思政教育管理带来了新的模式，但也带来了许多挑战。大学生的自我管控能力相对较弱，缺乏分辨微博、微信中信息真假的能力，因此，他们容易受到盲从现象的影响，违背自身价值观。这为高校思政教育管理工作带来了巨大的挑战。所以，高校应该充分意识到在微博和微信上进行思政教育管理的重要性，及时疏导学生的思想，探究在思政教育管理工作中的缺点，同时积极寻找有效的处理方案。

新时代面临的重要挑战之一是如何利用微博与微信，创新高校思政教育的管理模式，以适应时代的发展趋势。因此，高校应巧妙地利用微博与微信进行思政教育工作管理。了解学生的真实想法和动态，理解学生的喜好和关注的问题，举办多种形式的"微活动"，充实校园网络文化，并持续创新高校思政教育管理工作方式，以取得真实的信息资料。

三、以网络互动课堂为例分析

（一）网络多维互动在思政教育中的模式

思想教育相比于其他工作，其最大的特征是对多方和双方的互动进行强调。在教学改革不断深入的过程中，高校思想教育的多维互动，不应只是在课堂教学中实施，还应对互动空间进行不断地拓展，对师生的全员互动进行引导，使师生的情感体验得到增强。建立良好的网络互动交流机制，对互动平台进行延续，使思政教育的实效性得到不断提高。目前，高校的思想政治教育趋向于强调交流和互动。随着时代的变迁，互动式的教学方式已逐渐成为思政教育的主要模式。随着时间的推移，在思想政治教育教学中，利用网络互动的高效性和方便性，逐渐成为教学工作的一部分。一些高校创建了多维化的网络思政教育交流平台，不拘泥于时间和地点，形成了创新的思政教育机制。这种多维化的网络思政教育方式，不仅能够发挥思政工作的协同作用，还有助于构建"大政工""大教育"的全社会格局。

1. 多维互动教学模式的构建

（1）多维互动教学的主体互动

多元互动教学主要包含两类，即"师生互动"和"生生互动"。师生互动通过有效的交流和参与，能够互相影响，达到教育目标，使学生将所学知识融入自己的行为规范，形成自己的思想观念。作为多维互动教学的组织者，教师需要创建一个有趣的场景，仔细构思问题，激发学生的兴趣并引导课堂讨论。通过采用多维互动教学方法，学生们被鼓励进行充分的讨论，这样教师就能更好地掌握学生的最新思想变化和见解。与此同时，对学生进行适当的教育和指导，采取适宜的方式。多维互动教学中的"生生互动"是指学生之间通过交流，彼此影响和交换自己的世界观、人生观和处世经验等，促进思想交流与激发创新能力。在这个过程中，教师需要发挥积极的引导作用，及时纠正学生的认识偏差，帮助学生不断提升自己的思想水平。

（2）多维互动教学的环境互动

在多维互动教学中，重点在于构建一个多维互动的教学环境，以实现教学互动的多样性。教师在互动中要使用生动形象的语言，优美协调的动作，并全身心地投入教学，以此吸引学生的关注力并让他们聚焦在教学内容上。在互动式的教学环境中，激发学生的创造性思维，并帮助他们巩固所学的知识。环境互动的范围非常广泛，涵盖了家庭、校园、班级以及媒体等多个方面。思想政治教育旨在培养学生的优良品德，所以，必须为学生提供良好的社会、家庭、课堂和校园环境，以便实现这一目标。思想政治教育需要紧跟时代潮流，以大学生能够接受的方式进行，全面展现当今世界文化、经济和政治的多元化趋势，深刻影响人们的思想理念和生活方式。如今，大学生的生活变化多样，需要应对激烈的竞争和众多的选择，使他们时常出现各种思想问题，例如求职和社会交往等。所以，为了使思政教育更加有效，需要将其与实际生活、学习和工作结合起来，这样教育活动就会具有隐蔽性、愉悦性等，以达到隐性教育的目的。

2. 网络多维互动思政教育教学模式的价值

（1）有助于提高思政教育理论的实效性，创造和谐的教学氛围

采用网络多维互动思政教育教学方法可以使学生和教师之间通过多种形式来相互影响和作用，实现全方位的互动。在教学中，教师的角色逐渐从知识的主导者转变为与学生平等对话的伙伴。在进行任何事情之前，都需建立最基本的信任和尊重。利用网络多维互动教学模式，不仅能够激发学生的自我学习和主动性，而且能够深入了解学生的身心发展状况，让学生的潜力充分地发挥出来。采用这种教学方式，能够培养学生的协作能力、批判思维、应变能力等多面的能力。在网络多维互动教学中，遵循先进的人才理念和教学思想，认真规划教学目标、遵守教育规律，正确规范教学过程。把参与教学活动的各种要素相互联系，形成有机的整体，以便改变其他要素来完善整个教学过程，进而加强思想政治理论教育的效果。

（2）有助于促进思政教育理论主体的创新精神

通过网络多维互动，可以引导学生挖掘自身内在的积极元素，培养其独自思考问题的能力，同时激发他们大胆质疑的勇气，以此来培育学生的自主认知和创新精神。因此，学生的特长也能够得到充分发挥。此外，还有助于指导学生探究不同的观点，加强学生处理问题的能力。因此，网络多维互动教学可以激发学生思考和创新，并让他们在实践中学习。学生能够踊跃参与，发表自己的观点、见解。在教师的详细规划和正确指导下，师生共同探究新知识，并不断推陈出新，以提升学生知识素养和知识水准，此外，教师还会理解学生对真理、知识等的追求，以促进师生之间对知识的建构。这种互动鼓励人们产生启示式的思考，激发出人们的创造性，促使其产生新思维模式。利用多维互动式教学，还能够激励学生的学习兴趣，提升学生的参与度，同时推动教学与学习的相互促进。而学生提出具有创造性的问题，可以激发教师的创新思维，增强教师对教学的热情，同时增强教师的研究兴趣。

（3）有利于拓展思政教育领域，提升思政教育网络建设质量

网络多维互动模式的一个显著特征是，它打破了时空限制，使参与者的身份隐形化，时空限制变得模糊不清。在此种境遇之下，受教者及思政教育者皆能自由陈述意见、表达想法、参与交流。通过多方面的互动与交流，持续地提升自身

能力，在加深对思政教育理论理解的同时加强巩固。此外，使用便利、平等、流畅的沟通平台，网络多维互动方式能够在短时间内帮助思政教育者传递更多的信息和教育内容，提高思政教育者的渲染力和亲切力。此外，多维互动也是提升思政教育网络建设质量的一个关键因素。它有助于在网络建设中更充分地展现信息的质量、水平、风格等要素，能够有效地反映网络与有关工作内容的观念影响力、信息掌握力等要素。因此，多维互动在网络建设中扮演着不可或缺的角色。强化网络互动平台建设，能够有效加大思政教育宣传力度，并在思政教育网络建设质量上取得进步。

3. 网络多维互动思政教育模式的功能定位

在网络多维互动模式下，思想政治教育教学的实施可以突破思政教育者信息滞后和信息不畅的困境。此外，还可以为思政教育工作者提供帮助，帮助他们处理基层思政教育工作者培训和知识技能提升的问题，让他们更加从容地承担起思政教育工作的重任。在实践工作中，通过网络多元互动的方式，思政教育者几乎可以处理遇到的所有问题，此外，接受思想政治教育的人可以通过思政教育网络的多元互动方式，不仅可以深入领悟思想政治理论，同时还能了解取得相关知识的有效途径。此外，通过思政网络多维互动的方式，还能启发思政教育的受众，帮助他们更好地理解和应用相关内容。借助网络交互平台，还能对他们进行有针对性的引导。值得注意的是，教育工作者与学习者之间应该建立一个能够分享经验、交流想法的平台。这将有助于促进思政教育者对职业情感的理解，同时也能够满足他们对人际交流的渴望。随着新课改的推进，高校对思政教育的注重程度在不断提升。随着时间的推移，网络互动因其高效率、便捷性等优点逐渐被教师们所认知并应用于思政教育教学工作中。借助网络的多维互动功能，思政教育变得更加灵活，通过远程化和集约化的手段，师生可以随时参与讨论和学习，而且丰富的图文信息也让思政教育更加生动有趣。这一创新的教育模式，不仅可以深化、拓展思政教育，还促进全社会普惠教育。

(二) 高校思政网络课堂的建立

高校"思政课"网络教学平台的建设是高校加强学生思想政治教育的主要手段和主要场所。最近几年，高等学校一直在加强教育改革，虽然教育工作已取得一定成效，但随着形势的变化，"思政课"教育存在许多不符合高等教育要求的问题。这些问题可以归结为四个方面。

（1）"思政课"教育内容缺少针对性，理论过于抽象，脱离现实生活。

（2）"思政课"教学方法缺乏变化和多样性。

（3）"思政课"教学手段不够先进。

（4）"思政课"教学成效不够理想。

当前许多学者正在研究如何处理以上问题，探寻其解决之道。近几年来，尤其是自1999年清华大学成立了首家内容以思想政治教育为主题的网站后，诸如马克思主义之家、红色中国、红色世界等网站迅速兴起。这些网站为处理"思政课"教学存在的问题，如缺少针对性、时代性和实效性等，提供了新的解决途径。因此，仔细探究"思政课"网络课堂，快速探寻网络课堂的特征和规律，有着非常重要的实际价值。

1. "思政课"网络课堂的含义和特点

网络"思政课"教学是在互联网上的一个网页或站点开展的，其目的是宣传"思政课"教育内容，并在网上针对学生进行思想政治教育，其特点是线上互动、教学资源共享、深度提升思政教育教学效果。随着信息技术的不断进步，网络上"思政课"课堂应运而生。尽管它与传统"思政课"课堂存在差异，但又有许多相似之处。

从联系的角度来看。

（1）内容相同，都是关于讲授"思政课"的内容。

（2）形式相同，都是在特定场所由教师授课或引导学生参与，以开展"思政课"教学。

（3）目标相同，两者的目标都是帮助大学生开展思想政治教育，让他们养成正确的世界观、人生观和价值观以及塑造正确的理想信念。

从区分角度来看。

（1）载体不同，传统的"思政课"授课方式是通过"思政课"教师使用教材、黑板和讲授等方式呈现内容，而"思政课"网络课堂则是利用网络空间来呈现"思政课"的内容。

（2）表现形式不同，传统的"思政课"课堂以单向传授为主，只有教师在说话，在讲述自己的观点，学生没有机会表达自己的看法或参与互动，而"思政课"网络课堂则不同，"思政课"网络课堂的教师仍扮演主导角色，但学生也应充分发挥自己的主体作用，与教师进行互动交流，双方的互动会表现得十分明显。

（3）信息量不同，传统"思政课"教学因为受到条件的约束，所提供的信息量有限。相比之下，思想政治网络课堂是一种开放型的教学方式，可以与其他网站进行链接，因此可以获得更丰富的信息。

（4）学生兴趣不同，学生们认为，传统的"思政课"教学缺乏活力、缺乏互动性，无法满足学生对于新奇、多样参与性的要求。而"思政课"网络课堂提供了广阔的学习空间和多种信息获取渠道，使学生得以充分发挥自主思考和交流的能力。在这里，学生可以自由地浏览网页、获取资源，得到丰富的信息和知识；同时也可以充分表达自己的见识，展现自己的思想和创造力。这表明网络课堂与传统课有着明显的差异。

综上所述，"思政课"网络课堂呈现出以下特征。

（1）生动性。随着科技的不断进步，人们获取知识的方式越来越多样化，包括利用各种介质，如收音机、VCD、网络等，从而了解丰富多彩的新知识和观点。通过网络课堂，成功地克服了以往教学过程中单调乏味的缺点。网络课堂利用图像和声音传递信息，让"思政课"教学变得更加生动有趣。通过互相配合和互动的方式，教师与学生、学生与学生之间达成协作，让"思政课"网络教学具有更高的吸引力，从而提高了教学的实效性。

（2）丰富性。"思政课"网络课堂依托先进的科技手段，能够向学生提供大量丰富的信息。此外，通过网络资源和教育资源的共享，学生没有时间、空间的限制，可以接触更多更广泛的资源。这些信息让学生感到非常新颖，引人入胜。

（3）自主性。"思政课"网络课堂能够避免学生被动接受教育的弊端，这种课堂形式有助于学生自主安排学习计划，并能够积极参与探讨并提出问题。在和同学的互动和交流中，他们能够更好地明确自己的信仰，形成自己的人生观念。

2. 开设"思政课"网络课堂的必要性及作用

在当今科技不断进步的时代，熟练准确地运用计算机和互联网已经成为评估人才优劣的标准之一。因此，开展"思政课"网络课堂是十分必要的，且有积极作用。如今，基本上所有的学生都能够使用互联网，他们所获得的信息中，在网络获取的已经占据了相当大的比例。要使高等院校的"思政课"教育跟上时代的步伐，务必先行利用好网络课堂这一平台。

中央决定要建立网络课堂来进行"思政课"教育。在高校中，"思政课"是对大学生世界观、人生观和价值观进行教育的主要途径和主要场所。为了更好地发扬中央精神，必须利用先进的科学技术来发展和改进"思政课"的教育手段，建立"思政课"网络课程，来更好地展开"思政课"的教学。改革传统的"思政课"课堂必须建立"思政课"网络课堂，在传统的"思政课"课堂中，通常是以一块黑板、一本教材、一支粉笔和教师口述为主要特征，由于教材的理论表达方式过于枯燥抽象以及教师的讲解方式过于沉闷，使得学生们缺乏兴趣。且教师只是向学生传授知识，缺乏互动和引导。这种模式最明显的问题是缺乏吸引力。"思政课"网络课堂融合了文字、图像、音频和视频等多种元素，呈现出富有视觉、听觉和感性体验的特点。与传统的板书相比，它运用电子课件、电视教学片代替教师的口头讲解。这种创新的教学方式有助于激发学生的学习欲望以及促进师生双向交流，从而更好地发挥"思政课"的育人功能。由于时间、条件和对象的变化，解决问题的方法必须相应地作出调整。随着21世纪的到来，我们步入了数字化和网络化的时代，网络技术在不断地向前发展，具有更先进的特征，能够同时传输文字、图片和声音等多种信息形式。网络资源还跨越政治、经济、文化、科技、体育、卫生等多个领域，为人们提供了更广阔的视野，推动了人们的思想进步，使思想政治教育的形式有了非常显著的转变：(1)教育活动不再局限于课堂，而是扩展到课外。得益于网络不受时间约束的特点，教师能够自由安排时间来进行学生的思想政治教育工作；(2)借助于网络的发展，教师可以扩展工作范围，详细地了解学生们所关心的热点话题；(3)网络的出现拓展了教师的知识面，使他们不再受限于国内信息，而能够跨越国界，接触全球化的知识。此外，高等教育机构是社会信息化水平最高的地方之一，大学生群体与互联网非常密切，因为学生们对网上充满了好奇心，上网时情绪高涨且可以更加专注。因此，学生更加容易接受"网络课堂"这种新兴教学方式。主要因素是：(1)大学生在网络发展时期成长并接受教育，习惯了利用网络进行沟通；(2)网络教学与传统教室教学相比，更加注重个性化和私密性，因此可以更好地促进师生之间的思想交流。

开设高等院校"思政课"网络课堂的作用：

（1）能够通过先进的网络技术，完善"思政课"教学手段，使其更具吸引力和实践性。通过先进科技，网络与"思政课"教学相融合，打破传统的教学方式，创建一个师生远程互动的平台，实现实时通话，从而达到线上和线下相互补充的"思政课"教育新阶段，以提升"思政课"教学的指向性和实效性。

（2）能够利用在线资源整合归纳"思政课"教育内容，以弥补传统思政课教学资源匮乏的不足。网络提供了大量的"思政课"学习资源，包括政治、经济、文化、外交、体育、卫生和军事等多个领域。充分使用网络资源，可以提升"思政课"教学的感召力和影响力。

（3）能够增加大学生对"思政课"学习的积极性，激励他们更踊跃地参与"思政课"教学，从而改变"思政课"教学的被动态势。"思政课"网络课堂以其多样的教学内容、创新的教学手段和多变的教学方法，吸引了大量学生的关注，从而提升了"思政课"的吸引力和感染力。

（4）发挥网络的优势，可以弥补高等院校"思政课"师资匮乏和教育形式单调的缺点。网络具有宽泛的教育范畴，在网上开设"思政课"网络课堂成本较低，信息更新迅速，方便管理。解决了传统"思政课"教师与学生交流互动较少的问题。

（5）作为"思政课"教师，可以利用它作为教学辅助工具，以强化"思政课"教学的效果。在传统的教学方式中，只能通过课堂来进行思想政治课教学。随着网络的普及，传统的"思政课"教学模式必须进行革新。借助网络技术，搭建"思政课"网络平台，提升"思政课"教育能力。

3. 开设"思政课"网络课堂的具体方法

为了开设"思政课"网络课堂，需要采取以下方法。

（1）提高认知并转变理念，重视开设网络"思政课"的重要性。网络教育已成为"思政课"教育的新舞台，也是学生们极为热爱的领域。通过在网络课堂中增加思想道德和科技文化的内容，成功地让大学生接受这方面的教育，对此，我们还需要转变理念，加强对网络"思政课"作用的理解。

（2）按照网络要求制订"思政课"的课程计划，注重并充分利用"思政课"

电子教材，同时在内容教学上凸显课程的重点、难点和疑点。通过使用多种表现形式的教学方法，包括文本、声音等，力求形象、生动、具体，实现动静结合、声像搭配、图文并茂的效果，从而能够在教学过程中让学生有视听、动手、口语等方面的多种感官体验，培养学生自主学习的能力，并进一步激励他们的主动性、积极性。网络课件具备宽泛的覆盖面，提供大量的练习题，整合全面的案例资源，以文字为主要展示形式，同时搭配清晰的语音解说、图表和高质量的图片。此外，网络课件配合资料阅读与点评，打造更具深度与广度的学习体验。

（3）强调运用多种媒介来进行教学。现代网络技术的进步为"思政课"教学提供了现代化的工具，可以加强"思政课"教学的趣味性、专业性和实用性。通过使用电子课件来代替传统的黑板白字，在展示枯燥、抽象的理论知识时，可以呈现出生动形象的视觉效果。此外，辅以影视资料、插图和音乐等元素，能够吸引学生的注意力，提高学习效果。另外，使用电视教学片来替代老师的讲授也是可行的，并且有望取得良好的效果。

（4）播放电子教育影片。传统课堂的授课方式以教师口述为主，无法使学生直观感知，只能提供一种间接的描述，难以引起学生情感上的共鸣。通过播放电化教学片，呈现出重要的历史事件，能够给学生带来直观、具体的感受。比如，在授课过程中，可以演示《世纪伟人邓小平》这部影片来介绍《邓小平理论与"三个代表"重要思想概论》的内容；当讲授改革开放时，可以展示邓小平视察南方的电视纪录片。在进行《毛泽东思想概论》的讲解过程中，可以选择播放《共和国领袖毛泽东》这部影片。在谈论中国近现代史时，可以加入一些视听作品，如《人间正道》和《世纪》等作品，以加深我们对历史的了解和理解。将这些影视作品与教学内容融合，可以获得更好的教学效果。

（5）重视沟通、引导、解决。教师应该在教学中避免"一言堂"，并且正面应对社会或网络上流传的消极信息，指导学生用正确的观点来看待这些信息，并且积极探索"第二课堂"的内容，将知识、趣味、思想和娱乐融合在一起，以达到寓教于乐、寓教于学和寓教于理的目的，让学生在潜移默化中获得知识。

（6）创建综合性的网站，以便进行"思政课"教育。"综合性网站"是指包含学术专业信息、新闻娱乐、交友讲座、BBS论坛、心理咨询等多种内容的网站，学生更愿意登录这种包含多种信息的网站。"思想政治教育"拥有独特的地位，不必借助流行的名称来进行命名更新。名师可以在互联网上通过网站进行教学。

（7）采用内部引荐及外部联合的方式，拓宽"思政课"网络传播范围。"思政课"网站采取了一系列措施来加强与校内社团和学生网站的合作。例如，湖南环境生物职业技术学院的"思政课"教育网站与含笑湖文学社网站合作，共享文档资源，实现"思政课"教育的全面渗透，更好地融入学生的思想和活动领域。此外，还可以与一些优秀大学的校园网站建立联系，并签署网上课堂研究和资源分享协议。

（8）保证"思政课"网站安全，制定网站制度和规程。为了确保"思政课"网站的政治性和思想性，应当制定严格的制度，以禁止学生在网站上发布消极信息。建立和健全监管机制，防范负面信息在学校散播。

（9）主要栏目设立在"思政课"网页中。"思政课"网站的栏目包括课程设置、精神家园、教学改革、答疑解惑、原著导读、试题汇编、时政热点、马列研究、聚焦伟人等，这些栏目之间互相联系又具备不同的功能。网站的主要内容集中在马克思主义经典著作、中国共产党历史及党的文献、改革开放的成就和党的方针政策等方面。

第四节　互联网背景下思政教育与传统教育模式的发展

在大学思政教育方面，网络教育和传统教育模式具有互补作用，可以相互促进，共同发展。网络教育的特点在于资源共享、无限时空和多向互动，与传统校园课堂的面授模式截然不同。网络教育与传统教育在高校思政教育中各有优势，在受众、覆盖范围、教学领域和目标上互相补充，有时也存在相互渗透的情况。我们需要积极掌握网络思想政治教育的主导权，将网络打造成为弘扬主流声音、推动思想政治教育的重要平台。通常情况下，我们把与教育有关的网络内容全部归类为网络教育资源，这些内容包括环境、信息和人才三个方面。在现代社会中，我们必须积极地利用二者的特点和优势，以应对当前时代的紧迫需求。

一、网络教育模式与传统教育模式的特点

(一)网络教育的特点

网络教育模式是利用计算机为主要工具,配合多媒体技术进行教学。通过网络,教育资源能够被分享,形成了一个分布式的教育资源网,它可以跨越城市和地区。网络教育模式具有以下特点:(1)扩大了教育传播的范围和时效,不再受限于时间、地点和国界等因素,学生可以接受来自各地不同教师的讲授,突破了传统教育的校园局限,重新定义了"课堂"概念。(2)网络教育为教学资源的共享和丰富提供了便利,最终实现了国际化。随着现代信息技术的进步,可以利用网络获得更加多样、形象的资料,除了可以分享各地图书馆的藏书信息外,还可以访问各行各业的相关信息。(3)通过网络通信方式,可以实现教学信息的一对多传播和多对多交流,达到网络的双向互动。这样,每个用户既可以接收信息,又可以发送信息,促进了教学过程中的学生和教师之间的双向交流,也有助于解决远程教学反馈的问题。

(二)传统教育模式的特点

在高校思想政治教育中,传统的教学模式主要强调心理艺术的运用,即将心理学的相关知识和心理教育、咨询方法与技巧相结合,通过巧妙的手段应用于教育工作。同时,这种模式注重了解和掌握学生心理发展规律,这是一种科学的教育方式,它的核心在于使用心理学的通用原理和方法去熟悉受众的心理动态,有目的地开展思想政治教育。它注重创建轻松和谐的环境,综合调节情绪、情感等非智力因素,让情感发挥最大作用,通过情感教育来感染他人。另外,在心理艺术中,非常重视掌握好"度",以避免出现"超越效应""马太效应"以及逆反心理等不良影响。思政工作的指导方针能够与心理学的情感过程相呼应,从情感到个性,有效地指引并引导人们,既有目的性,又具有影响力,充分避免了盲目性,同时也提高了人们的主动性。对传统的课堂教学,已经有了大量的探究,其理论体系已相对成熟,而网络教学却很少涉及认知理论、语言习得理论、学习心理等方面的探究。要开发有效的网络教学课件,需要结合两种完全不同的教学模式,并在这个过程中延续传统教学中的优秀元素。此外,必须让教师和学生之间保持

积极的沟通和互动,以提升课件整体教学质量。因此,对于网络教育模式的研究,可以从传统教学模式中寻找有效的研究方法和理论进行学习,探究网络教育和传统教育模式在高校思想政治教育方面的共同点和不同之处。为开设网络认知和网络教育心理学的研究做准备。

二、网络教育模式对传统教育模式的发展

众所周知,高校思想政治教育中,教师是重要的教育影响源,具备独特的优势。在高校的思想政治教育教学活动中,教师是主要的教育引导者,通过各种方式将教育理念传达给学生,并成为主体和对象之间的桥梁。在传统式教育范式中,老师按照预定的计划、大纲和课本内容,组织有目的、有条不紊地教学。在与学生交流时,直接面对面的互动和身体上的示范已经成为一种不可或缺的标准做法。教师主导了教学,通过书本、口头讲解和粉笔板书的方式,这种教学方法的主要特点是把教师置于中心地位,忽略了学生的学习主体,然而,在网络教育中,教师和学生正在扮演不同的角色,这就需要我们重新审视教学关系的本质。在传统教学模式中,教师通常处于主导地位,知识的传授依赖教师对学生的单向讲解,而学生则成为被动接受者,学生长期处于被动状态,难以激励学生的积极性和主观能动性,同时也不利于培育创新型人才。此外,在传统高校的思想政治教育教学中,教师通常在所有同学面前授课,无法满足个体学生的不同需求,因此无法提供充足且有指向性的信息。所以,在现代教学的过程中,必须先改变教学的指导思想,由以教师为中心转变为以学生为中心,使重点从"教师如何教"转移到"学生如何学"。通过计算机网络开展教学,能够成功地处理上述问题,教师和学生实现了"共同学习"的互动模式,同时也促进了学生和计算机之间的相互沟通交流。这种方式为实现以学生为中心的教学模式提供了条件。教学过程从单向的师生教学变成了师生之间互相交流,甚至形成多方互动的结构。当前处在信息爆炸的时代,这是由于计算机网络的快速进步。人们之间的交流和互动已经形成了一种新的跨地域的人际网络。学者们称为"网络空间"。网络空间最显著的特点是资源共享、方便易用等。在网络空间中活跃的个体会自然地形成一种不同于现实世界的文化特征。弗洛伊德是奥地利知名的心理学家精神分析学派的开创者,认为人类内心有两种基本的心理机制,分别是抑制和宣泄。通常情况下,网络中

的"宣泄"行为更加突出，人们在这个环境中表达和接收信息的方式没有明确的指向、规范和掩饰，这导致网友在心理上倾向认同平等身份，对各种信息持极其开放的态度，并自由地表达自我认知。大学生是高校思政工作的主要受众，他们不仅在网络上积极参与活动，而且在网络环境下也表现出了自己的独特特征，区别于一般的网友。通过高校思政工作者的探究，大学生作为网络用户，有以下特点表现。

第一，大学生知识水平较高，在网络中重视独自思考，倡导平等自由的沟通，不会盲从权威，并对高位信息持抵制和警惕的态度。

第二，大学生网民的关注点越来越个性化和分散化。大学生网民的眼界非常广泛，涵盖了从国际政治到宿舍管理等各个方面，但由于每个人关注的内容不同，因此在思政工作的浅层面上具有较高的不确定性。应当综合考虑所有学生的共同特点和心理成长规律，以有利于网络思想政治教育的适当规划。同时，应充分利用计算机网络的开发、交互和实时等特点，个性化地制订思想政治教学计划，以满足不同学生的不同需求。

第三，在大学生网民中，既有对政治高度关注的，也有对政治保持沉默的，这种矛盾的现象颇为奇特。一方面，网上论坛和签名活动的主要参与者是那些关注时事的人；另一方面，许多同学则对传统的理论教育和政治活动不太感兴趣，他们好像认为这些事情与个人发展无关，因此持有疏离态度。这导致大学生网民在探究政治问题时，心态变得非常复杂。

网络思政建设的创新到了新的水平，内容和形式在实际应用中是紧密相关的，它们既有相互冲突的因素，又具有同一的本质。内容是非常重要的，形式则是实现内容的手段，内容的效用也会受到形式好坏的影响。在面对网络环境这种与传统环境不同的新事物时，我们应格外关注矛盾的转变问题。如果仍沿用传统的教育方法去适应互联网时代，那么一定会失败。仅仅将教材、教案转移到网上是徒劳无功的，必须深刻了解网络教育所具备的特点，并针对这些特点进行教学。另外，融合传统思想政治工作和现代管理科学的理论，利用系统工程开创了一种新的高校网络思政工作的途径，建立了一个攻防兼备、静态与动态相协调的网络思想政治教育体系。在加强建设思想政治网站的基础上，注重运用各种网络交流工具，如BBS论坛、班级录、电子邮箱、QQ聊天室等，制定以观察、发现、反馈为核心的工作准则，再加上主动的构思、指导，以阵地战和运动战相结合的方式进行网络思想政治教育。

三、对网络教育模式与传统教育模式在思政教育中的反思

随着信息技术的不断进步，互联网已逐渐成为高校师生学习知识和了解信息的主要途径，对大学师生的学习、生活以及思想理念都产生了重大的影响，因此对网络教育和传统教育展开反思是十分必要的。需要清楚地意识到，随着网络技术的进步和推广，高校思想政治工作有了新的思路和方法，这为完善高校思想政治工作带来了新的机遇和前景。近几年来，随着网络教育的发展，其强大的功能对传统教育产生了巨大的影响。

当前，人们对网络教育与传统教育之间的联系看法不一，有人认为网络教育的发展前景广阔，甚至认为它将取代学校、书籍、教师、图书馆等传统教育资源，而也有人对网络教育的未来发展充满担忧，担心它会出现和电影发展一样，炒作一阵子之后就逐渐失去市场。就我国高校的思想政治教育而言，客观地认识和评估二者之间的联系，对其健康、快速发展具有至关重要的意义。信息技术的迅猛发展促进了网络教育的兴起。现代教育技术的普及为网络教育带来了巨大的优势。网络教育不仅能够迅速传播最新的教育信息，还可以共享教育资源并更加有效地利用它们，这在社会和教育上有着重要的意义。其可以进行即时交流沟通，不受时间的限制。学生积极参与学习过程，按照个人发展进行自主学习。同时，教学空间在不断地扩大，教育受众的数量也在快速增加，通过虚拟技术模拟现实场景，可以有效地处理教学中的问题，从而促进教育社会化，推动全民接受终身教育。

随着知识经济的兴起，社会对教育的需求日益增长，但传统教育面临规模不足、教育资源不均、时间和空间限制等诸多问题，仍无法满足社会发展的现实需求。由于网络教育具有诸多优势，同时社会对教育的需求也越来越高，这表明网络教育的发展空间十分广阔。尽管网络教育革命的兴起给传统教育带来巨大挑战，但并不是专家所说的传统教育将会消失，这种观点并不符合事实。且传统教育在某些方面优于网络教育，面对面教学有情感交流的可能，而网络教育无法做到这一点。学生在共同的环境中生活，并积极参与多种不同的集体活动，所有这些都可以促进人们之间情感交流，培养群体认知和集体主义理念，塑造健康的人格。

除了讲授知识外，教育的目标还包括：帮助学生掌握实践技能、学会合作共处以及适应社会发展。此外，网络教育要求学生具有辨识信息、自我管理等技能，这样才能够有效学习，从而导致网络教育难以满足不同教学对象和教学层次的需求。另外，网络教育并非适用各个领域的学习。虽然网络教育可以传授知识、发展智力，但并不能完整有效地实现情感、技能等方面的学习。即使如今能够使用虚拟现实技术来模拟环境，但模拟的体验远不如亲身实践真实的操作技能，例如驾驶、手术、跳水等领域的技能。随着信息技术的迅速发展，必须仔细对比两种不同的教育模式，在面对信息技术的挑战时，需要全面地评估它们的优点和缺点。

（1）网络教育和传统教育应该相互补充和促进，达到双赢的效果。两种模式不是相互排斥的，而是相互融合、互相容纳、相互渗透，最终共同进步。网络教育和传统教育在教育层次、教育对象、教育领域和教育目的上有时能够进行协作。互补所指的是双方的优点相辅相成，充分发挥各自的优点以互相弥补缺点。在实施在线教育的时候，要注重德育教育，并采取适当的措施促进学生身心健康的全面发展。意识到这一点有助于我们加强网络教育发展的信念，同时也有助于我们从传统教育的补充角度来详细规划和探究网络教育的发展，从而确保网络教学的质量和优势，避免当前网络教育发展中的炒作。学校必须重视网络及网络教育的影响，积极关注信息技术在教学中的运用。

（2）积极面对现代信息技术带来的挑战。随着高科技和信息网络的发展，世界变得日益紧密相连，仿佛一触即达。随着互联网的普及，大学校园中的图书馆、学生宿舍、教师家庭和各公共场所都布置了互联网。这也导致高校思想政治教育工作者在学生获取信息方面的地位被逐渐削弱。尽管网络提供了方便的交流平台，但不可避免地出现了一些负面不良元素，这些不良元素对大学生思想道德建设工程的进展产生了极大的负面影响。

（3）传统的教育模式已不适应现代需要。目前，高校思想政治教育工作主要采用的教学方式难以符合现代大学生的心理特征，教学内容的设计缺乏前瞻性。高校中从事思想政治教育工作的人常常面临着孤立无援的情况，他们很容易陷入自我闭塞的困境。因此，思想政治教育并没有充分影响到学校的各项工作中，并且还没有实现教、管、服、育等的教育模式。在大学校园中，根据频繁出现的负面事情，采用的方法是"堵"，而不是"预防"和"排除"，这种做法反而会引起一些学生的反感。近几年来，网络文化因其传播快速、影响广泛和渗透力强的特点，促进了校园文化生活的多样化，增加了学习和成长的途径，并加强了与外界的交流互动。然而，它也对网络文化环境造成了污染。目前，大学生思想政治教育面临的紧急任务之一，就是如何在校园网络文化领域中占据主导地位，确保网络思想政治教育的有效开展。注重校园文化的建设，倡导主流价值观，同时提高学生对校园网络的安全意识，让他们更好地利用网络进行学习和生活。切实做到成功开发一个有趣且实用的主题教育网站或页面，在融合了思想、知识、趣味和服务的同时还要积极组织网络思想政治教育，让学生在娱乐中学习，助力网络思政教育。

第四章　互联网背景下思政教育的转型、机制与体系

随着网络的发展，以网络作为学习平台，能够极大地提升思政教育的时效性。本章概述互联网背景下思政教育的转型、机制与体系，详细介绍了思政教育的立体化模式与现代化转型、互联网背景下思政教育的长效机制、维度体系。

第一节　思政教育的立体化模式与现代化转型

一、思政教育立体化模式的构建

（一）思政教育立体化模式构建的理论依据

1. 现代道德教育理论

高校思想政治教育立体化模式的构建具体体现在教学观念上，要体现出现代教育新理念和新思想，用新的教育理念和思想指导立体化教学活动。思想是引领行为的先导，唯有更新思想政治教育观念，方能改善思想政治教育的质量。随着社会主义市场经济建设步伐的加快，人们的思想观念发生了很大变化。思想政治教育作为一项具有目的性、指向性、社会性和文化性的活动，更加凸显了其受思想观念指导的重要性。因此，要使思想政治教育适应时代发展要求，就必须建构主体性思想政治教育模式，以观念的革新为引领和动力，以创新的思维方式更新教育理念。

当前，我国实施的改革开放政策，对社会各个领域产生了深刻影响，它使人

们的生活方式、思维方式、行为方式和思想观念得到明显改变。与此同时，改革开放也为思想政治教育带来了机遇和挑战。因此，面对新的时代发展背景，在新时期加强思想政治教育必须树立"大教育观"和"以人为本"观，坚持与时俱进的原则，充分发挥党的政治优势和发扬党的优良传统，高举"创新"旗帜，真正提升思想政治教育的有效性，开创充满生机与活力的思想政治教育新篇章。

只有不断地对现有思想政治教育理论和实践进行探索和总结，才能够为思想政治教育提供丰富的内容和可靠的依据。如果我们不考虑社会、学生和生活环境的变化，一味地坚持守旧和保守的思想政治教育观念，拒绝研究新的情况和问题，那么就会使思想政治教育体制变得僵化，无法达到预期的教育目标。因此，要实现高校思想政治教育工作的现代化，必须建立一个以科学发展观为指导的全方位、立体型思想政治教育新格局，树立新的思想政治教育价值观和任务观。

（1）确立统一的价值观

传统的"社会本位说"使思想政治教育的观念变得固化，即长期存在的片面的"唯社会价值观"，人为地将社会价值与个人价值对立起来，只是过于看重社会价值，反而忽视甚至否定了个人价值。此外，传统的"社会本位说"还造成思想政治教育目标过于单一化，即仅强调社会要求，而忽视甚至否定个人内在需要。要解决这个问题，必须从理论上弄清人与社会的关系。实际上，人类是推动社会进步的主体。人的主体性就是人在实践活动中表现出来的能动性和自主性。思想政治教育的目标在于培养具备主体性的个体，以此推动社会的进步和发展，而社会的终极目标也在于促进个体的全面成长。从这一角度来看，社会价值与个人价值是相辅相成、相互促进的。由此可知，开展思想政治教育工作，必须重新审视片面的"唯社会价值观"，同时确立一种科学的价值观，将社会价值与个人价值相互融合，在满足社会发展需要的同时，充分尊重和兼顾个人的内在需要，实现社会价值与个人价值协调发展。

（2）确立核心任务观

开展思想政治教育，不能仅以对教育对象进行理论灌输为最终目标，而是要使教育对象能在生活实践中养成良好的思想政治品德行为。这就表明，培养并发展人的主体意识和主体能力，是思想政治教育主题的应有之义。为此，在开展思想政治教育过程中，教育者既要克服片面强调仅灌输社会规范这一任务观的倾向，又要防止忽视甚至否定灌输社会规范这一任务观的倾向，将灌输社会规范与培养受教育者的能力、发展受教育者的个性相统一。在完善灌输社会规范方法、增强社会规范灌输效果的同时，教育者必须注重社会实践中的作用，注重培养并发展受教育者的能力和个性。

在传统教育思想的影响下，整个思想政治教育工作只归结于"传道"，灌输社会规范，把受教育者看作是社会规范的"接收器"，不注重培养并发展受教育者的能力和个性。因此，思想政治教育中简单说教、硬性注入的现象普遍存在。

完整的思想品德系统，共包含心理、思想和行为这三个子系统，其本质上属于三维立体结构。良好的思想政治品德知识素养，是形成良好的思想政治品德行为和习惯的基础。为了适应社会发展的新形势、新特点和新要求，我们需要不断更新和充实教学内容，以使其更贴近时代、社会和教学对象的思想和实际情况。坚持与时俱进，由不同层次的内容相互作用，共同构成思想政治教育的内容整体，统一于思想政治教育目标之上。马克思主义基本理论教育是根本内容，它决定着思想政治教育整个内容的根本性质，体现着社会主义事业接班人和建设者的根本素质；政治观、世界观、人生观、价值观和理想信念是核心内容，是社会主义事业接班人的必备素质；爱国主义、道德规范和法律意识是基本内容，是合格的社会主义事业建设者的基本素质。

同时，随着社会的发展进步，思想政治教育内容也处在不断地变化发展之中，是稳定性和动态性相结合的有机整体。在新的发展形势下，针对大学生开展的思想政治教育工作，更加贴近大学生的学习、生活及就业等问题，大学生思想政治教育内容及目标较过去有了明显改变。

2. 马克思主义理论

由于教学内容、教学方式和教学场所的差异，思想政治教育理论课立体化教学模式共包含课堂理论教学、实验教学、实践教学和网络教学。课堂理论教学的任务，主要是面向学生系统讲授关于马克思主义的基础理论知识，使学生获得关于马克思主义的基本观点与方法。理论教学侧重于知识性、理论性、系统性和逻辑性。学校的思想政治理论课教学，是大学生意识形态教育的主渠道，对大学生的发展起到重要的指导作用。理论课程对于学生来说是知识的传授、信念的确立和行动的先导。而理论教学法是教育先驱对学生进行思想政治教育的重要内容之

一、课堂理论教学法对提高学生身心健康起着重要作用，在大学生和教师中已得到普遍认可和接受。

相较于世界上的其他国家，我国尤其注重在各类高校设置思想政治理论课，并开展各种形式的思想政治教育活动。目前，我国各类高校设置的思想政治理论课程及实施的思想政治教育内容，主要由中央政治局负责讨论审定。

"马克思主义基本原理概论"，旨在帮助学生系统掌握马克思主义基本原理，正确认识人类发展的客观规律，培养学生形成坚定的共产主义理想信念，从而解决"什么是马克思主义""为什么要始终坚持马克思主义""怎样坚持和发展马克思主义"这一问题。而通过讲授有关马克思主义中国化的理论成果，以及中国共产党在领导中国革命、建设和改革过程中所取得的成就，有助于学生掌握马克思主义指导中国实践的现实意义，引导学生正确认识中国基本国情与社会主义现代化建设客观规律，进而增强对中国共产党的领导与走中国特色社会主义道路的信心。

思想政治理论主要围绕马克思主义对人类社会发展客观规律的真理性认识进行系统阐述，有助于学生获得关于改造主客观世界的思想武器，满足学生实现全面发展的需求，最终为推动建设中国特色社会主义事业奠定人才根基。发挥思想政治理论课的主渠道作用，应从提升思想政治理论课程质量这一方面入手。具体而言，教育者必须着力提高思想政治理论课教学内容质量，及时改进思想政治理论课教学方法，更好地发挥思想政治教育具备的影响力；管理者应该增强思想政治理论课在高校各课程中的渗透力与控制力，并通过将思想政治理论课渗透进教育系统之中，体现思想政治教育对学生专业学习的影响力。总之，只有推动思想政治理论课教学质量迈向新台阶，才能充分发挥思想政治理论课的主渠道作用。

开展马克思主义实践教学，旨在指导和帮助学生自觉运用马克思主义理论的立场、观点和原理去分析问题、解决问题，强调学生参与教学活动的自主性、能动性、创造性，增强教学内容的针对性、直观性、现实性和形象性，运用多样化和生动性的教学手段、教学方法，使实践教学效果更加优于课堂理论教学效果。针对高校学生开展的思想政治理论课教学，实践教学法有其独特的功能作用。我国教育部联合其他部门共同颁布的《关于进一步加强高校实践育人工作的若干意见》，系统性地阐明了高校实践育人的重要性。因此，贯彻落实和进一步推进高校实践育人工作，是全面贯彻落实党的教育方针，将社会主义核心价值体系融入国民教育全过程，进一步推进素质教育，大力提升高等教育质量的必然要求。

党和国家始终将实践育人工作放在重要位置。坚持将教育同生产劳动和社会实践相结合，这是党的教育工作方针的重要内容。因此，高校需要把理论学习、创新思维同社会实践统一起来，要求学生从实践中学习，这是培养大学生思想政治品德素养的必由之路。

深入推进高校实践育人工作，是不断增强学生服务国家和人民的社会责任意识的体现，也是培养学生形成勇于探索的创新精神、善于化解难题的实践能力的体现。高校应不断完善实践育人工作方式，使学生更加坚定党的领导作用，对坚持走中国特色社会主义道路、实现中华民族伟大复兴充满信心，自觉担负建设中国特色社会主义的任务。高校思想政治理论课中的实践教学环节，共由实践教学、军事训练和社会实践活动这三大实践育人形式组成。其具体实施方法如下。

首先是加大实践教学力度。实践教学质量如何直接影响人才培养目标能否实现。实践教学在学校的教学工作中占据着重要位置，实践教学既是深化课堂教学的重要一环，又是促使学生获取和掌握知识的重要手段。各高校必须高度重视实践育人工作，切实采取措施保证实践教学质量。具体来说，各高校需将实践育人工作纳入学校教学计划，构建系统化的实践育人教育教学体系，强化实践教学管理效率，提升实验、实习、实践和毕业设计（论文）等质量，建立与专业培养目标相适应的"双师型"教师队伍，确保能够全面展开实践育人工作，以促进学生全面发展。此外，各高校还应积极深化实践教学方法改革，着重推广以问题、项目、案例为基础的"教""学"方法，完善综合性实践科目规划设计和应用方案，以提升大学生的创新创业能力。

其次是组织军事训练。以组织开展军事训练和国际形势教育、国防教育等活动，引导学生学习基本军事技能和军事理论，提升国防意识和国家安全意识，自觉发扬爱国主义、集体主义和革命英雄主义精神，具备艰苦奋斗、吃苦耐劳的优良品质。

最后是推行社会实践活动。高校应将社会实践活动作为实践育人的重要载体，通过社会调查、生产劳动、志愿服务、公益活动、科技发明和勤工助学等形式，提升学生参与社会实践活动的热情，使学生从中养成良好的思想政治品德素养。例如，高校可鼓励学生参与各类志愿服务或公益活动，引导学生积极参与社会调研等。总之，高校应该广泛展开具有特色的主题实践活动。

当前，我国高校针对思想政治理论课开展的实践育人教学，仍处于相对薄弱的位置，需要采取相应措施弥补培养高等教育创新人才要求的差距。从具体措施来看，高校需要进一步调整理论大于实践、知识传授大于能力培养的观念，强调"学"与"思"结合，做到知行统一、因材施教，积极践行实践教学的要求，创新实践育人教学方法，完善实践育人基础设施建设，为开展实践育人活动提供经费保障，并寻求与社会各方力量展开合作，构建实践育人的合力机制，推动高校实践育人工作取得新的成效和开创新的局面。

对于高校思想政治理论课教育工作者而言，其应将正确的思想理论作为指导实践育人工作的依据，切忌盲目随从和一味地搞形式主义，应当丰富实践育人的形式，吸引受教育者积极参与其中，讲求实践育人的效率。举例来说，校园中常见的社会调查、志愿服务、教学实习等，都可作为开展实践育人的一种形式。此外，在实践育人环节，高校思想政治理论课教育工作者应该注重理论与实际的有效结合，积极融入各种社会实践形式。

中国大学思想政治教育采用的以计算机多媒体技术为核心的现代教育技术方法，主要在于通过对思想政治教育各种资源的有效开发、设计、运用以及管理等方式，将教师"传授"与学生"接受"的教育过程，以思想政治教育效果最优化的方式得以实现。这种教育方法，有利于为学生创造一个图文并茂的真实学习氛围与环境，将理论性与知识性较强的思想政治理论课变得更加生动活泼、具体真实，从而激发学生的学习兴趣与求知欲望，增强学生学习的主动性与自觉性，对于创造性思维以及自主学习能力的形成与培养都具有重要意义。可见，现代教育技术方法在大学思想政治教育过程中的具体应用，不仅使思想政治教育内容更加多元化与丰富化，同时也为学生接受教育内容，形成马克思主义的世界观、认识观、价值观，坚定社会主义理想信念，践行社会主义核心价值体系，形成社会主义完美人格创造了方法论基础。

（二）思政教育立体化模式构建的基本条件

1. 中国社会的建设实践

改革开放以来，我国社会的政治、经济、文化等方方面面开始逐渐地发生改变，从而引起人们思维方式、思想观念和行为方式的变革。这种向生活化、常态化社会运行状态的转变，使得思想政治教育的时效性、有效性、实效性等也不断遭遇挑战，表现在对社会环境的不适应、教育制度与观念的脱节、既有教育模式和功能的缺损等，这无疑加重了科学研究思想政治工作的重要性和紧迫性。

人们用伦理方式把握世界所形成的以某种价值观为核心、以相应伦理原则和伦理规范为基本内容的伦理文化，是维系社会正常伦理秩序的良剂。市场经济是经济文化的一种外在表现形式，不完善的市场经济使得人们追求利益最大化而忽视人的情感和精神价值，形成忽视人文精神的工具理性思维方式，形成以追求超阶级"最大幸福"为行为准则的功利主义价值态度，形成盲目追求西方民主、平等、自由、法治等多元的社会政治思想等。

市场经济的趋利性和功利性催生了社会焦虑心理，生产线似的对人进行道德、政治和思想知识的灌输，忽视了对人伦道德的养成教育。一旦社会的伦理体系崩溃，社会道德认知、政治态度、价值取向等就会混乱并继而引发一系列社会问题，极易造成社会波动，如何发挥中国传统文化的人文价值、增强文化底气，在多元文化并存的文化生态中占据应有的地位，弘扬和培育民族精神，致力于经济发展和人的发展，成为思想政治教育的新课题。

从社会性质上看，开始由前社会主义向后社会主义转变。在以家庭为轴心的熟人社会，即前社会主义社会中，风俗、道德、习惯势力强大，行为模式固定单一，家庭对个人道德、思想、政治观念等具有根本性影响，传统的道德束缚力强大。在以半社会化为主要特征的陌生人社会，即后社会主义社会中，阶级之间的界限不再确定无疑，流动的人际关系变得肤浅、间接、局限而短暂。学术本位的办学理念开始向效益和市场转化，大谈特谈科技创新和科技开发，高等教育也开始办实业。

大学生思想政治教育，是关系国家和民族前途命运的大事。思想政治教育方法对于实现教育目标具有决定性的影响。当今时代，世界各国越来越重视运用新的理论成果来研究和解决现实问题，以适应世界发展的要求，而科技的飞速发展和东西方文化的激烈碰撞与交融，必将对整个社会产生深远的影响，给高校教育尤其是高校的思想政治教育带来巨大冲击和深刻影响。

高校可根据教育对象的思想特点，做好多渠道、多角度和多方法的统筹安排。积极改进高校思想政治教育的途径和方法，秉持以人为中心的理念，紧跟时代步伐，贴近现实、贴近生活、贴近大学生，不断提升针对性和实际效果，不断增强吸引力和感染力。加强学生党建工作是新形势下高校学生思想政治教育的重要组成部分。此外，还可以积极探索建立一套综合管理机制，将社会实践与专业学习、服务社会、勤工助学、择业就业和个人创业有机结合，以实现更高效、更优质的管理。大学生思想政治教育是一个系统工程，方法创新的切入点就是要以大学生为本，从关心和理解大学生入手，创新思想政治教育方法和途径。

2. 信息技术的发展成果

现代信息技术是创新现代思想政治教育质量的有力支撑。以科技文化成果为载体的思想政治教育，不仅能为思想政治课堂增添新的活力，而且也能为思想政治教育者带来新的教育手段和内容。例如，借助信息技术和计算机网络设备，思想政治教育工作者可以构建思想政治教育管理系统，以便及时从中了解和掌握各种思想政治教育信息，为后续改进思想政治教育决策方案提供支持，保证思想政治教育工作得以规范化、科学化开展。

信息时代下，网络技术呈迅猛发展趋势，社会各个领域都不同程度地受到了网络技术的影响，人们的生活方式和思维方式也在发生变化。思想政治教育属于融合了理论和实践的认知实践活动，在思想政治教育与网络技术加入融合的背景下，思想政治教育领域发生的颠覆性变革不可小觑。

与此同时，在信息时代下，传统思想政治教育面临着严峻挑战。随着互联网的蓬勃发展，人类的生活空间和交往范围得到了拓展，全新的、多样化的教育手段和技术，正在深刻地改变着人们的学习方式，并为思想政治教育的进一步发展注入了新的活力。尽管网络技术对思想政治教育的影响有积极一面也有消极一面，但不可否认的是，网络技术与思想政治教育的融合程度正在加深。

当前，在网络技术的影响下，我国的思想政治教育拥有了更为广阔的发展空间，思想政治教育的信息和知识得到了进一步扩充和更新。得益于网络技术的迅猛发展，互联网平台和移动通信设备成为开展思想政治教育的新兴渠道，思想政治教育工作者可借助其传播优势，以一种积极主动的方式面向教育对象开展长期的宣传和教育，在这种频繁的"被灌输"的形式下，教育对象会潜移默化地养成良好的思想政治教育素养。互联网为教育者和受教育者提供了双向平等沟通的渠道，由此缩小由教育"不平等"造成的认知鸿沟，从而增进教育双方的有效沟通，这也是传统教育活动所无法实现的。

互联网是灵活多变的，受互联网影响的思想政治教育教学活动，同样需要更加丰富多元化，不能仅局限于教室讲台这一空间范围内，而是要借助各种新兴的互联网传播工具，如微博、微信、短视频等，创新思想政治教育教学内容传播形式，增强思想政治教育教学活动的趣味性，体现思想政治教育与网络时代相结合的特征。此外，通过互联网开展的思想政治线上教育教学，可以突破课堂教学时间和空间的限制，增进教学双方之间的交互效率，为教育工作者提供新的思想政治教育教学反馈。但是，互联网与思想政治教育教学的融合发展，是建立在分析教育对象的学习特点、学习规律等基础之上的，思想政治教育工作者应据此完善互联网教育方案，强化思想政治教育质量。

3. 思想政治教育学及相关学科的理论智慧

马克思主义是思想政治教育方法理论的基础，在广泛而又丰富的实践活动过程中，思想政治教育方法理论逐渐成为揭示思想政治教育发展规律的科学体系。从学科特点来看，思想政治教育学科具备较强的应用性和综合性，同时也体现出鲜明的时代性。思想政治教育学科理论体系，包含最新的科学发展成果及思想政治教育理念，具有与时代发展相适应的开放性构架。

从理论上看，现代思想政治教育学以强化学科理论体系与分支学科研究为手段，进一步提炼各个领域的历史成果与新成就，使自身范畴体系不断得到丰富、充实与完善。同时，思想政治教育学科及其交叉学科的不断发展，也在不断推进思想政治教育学研究进程，如从人类学、社会学和文化学角度对思想政治教育进行的研究。现代思想政治教育学在学科体系上的完善与发展，与相关学科的交叉融合，不仅在理论上为思想政治教育方法的发展提供了理论支持，而且在研究方法和工作方法上也为思想政治教育方法的创新提供了借鉴。①

学科的发展是综合性的过程，即一门学科会与其他相关学科产生联系或进行交叉融合。思想政治教育作为一门研究"人"的学科，其在发展过程中，同样会与相关学科产生联系，积极借鉴、吸收相关学科的理论方法等研究成果，从而为不断丰富和完善思想政治教育理论方法提供保障。举例来看，思想政治教育中的系统论，是指教育工作者应将系统作为研究对象，遵循从整体出发和多层面、多角度思考问题的原则，正确认识思想政治教育系统与外部环境，以及思想政治教育系统内部各要素之间的相互关系，以此揭示和研究思想政治教育系统的运行状况，从而在整体上提高思想政治教育质量。

主导性的思想政治教育方法，是受到思想政治教育理论方法发展的影响而产生的。在借鉴、吸收其他相关学科理论方法的基础上，高校应该创新思想政治教育理论方法，这既是顺应思想政治教育学科的发展趋势，又是基于历史维度、学科特性及现实层面作出的改变。

世界文化呈多元交融发展趋势，在此背景下，高校要想高质量完成日益复杂严峻的思想政治教育工作，就应该将思想政治教育学科与其他相关学科交叉融合，以坚持马克思主义基本理论为基础，同时借鉴吸收其他相关学科的教育教学理论方法，探寻思想政治教育学科与其他学科在教育教学理论方法等方面存在的异同点，为进一步优化创新思想政治教育方法提供指导来源。具体而言，高校在借鉴、吸收其他相关学科教育教学理论方法过程中，要合理有效地使用观察、分析和比较等方式，改变传统的、单一的、古板的"灌输式"思想政治教育方法，研究建立一种更加立体化、动态化的思想政治教育方法，丰富高校思想政治教育教学理论方法体系。总之，作为思想政治教育工作者，必须尝试从交叉学科中发掘新的研究视角和研究成果，将其应用在思想政治教育教学过程中，形成解决思想政治教育教学问题的新方法、新思路。

4. 思想政治教育队伍建设的现实成效

总体来看，我国思想政治教育队伍建设呈曲折发展的特征，突出成就与主要问题并存。因此，思想政治教育工作者应该全面地、辩证地看待思想政治教育队

---

① 宋俊成. 高校思想政治教育学科建设研究 [M]. 北京：社会科学文献出版社，2017.

伍建设，努力开创思想政治理论课师资队伍建设新局面。我国思想政治教育队伍建设取得的突出成就，成为推动思想政治理论课改革和提升思想政治教育质量的组织力量。党和政府始终重视思想政治理论课师资队伍建设工作，并取得了显著的成效。

（1）明确教师队伍的主要职能

自改革开放以来，党和政府就将"教师队伍建设"作为一项重要工作，并提出要将明确教师队伍职能作为"教师队伍建设"的基本前提。思想政治理论课教师队伍具体承担着教学和科研的职责，作为思想政治理论课教师，其应该自觉提升个人思想政治教育素养，积极发扬党的优良作风和传统，做学生学习的榜样，坚持"解放思想、实事求是"，在践行四项基本原则教育的同时，努力宣传党的路线、方针和政策，在培养学生无产阶级世界观、树立共产主义道德等方面不断优化措施。

思想政治理论课教师不仅要积极宣传马克思主义理论，而且还要深入践行作为思想政治工作者的要求，真正实现教书与育人并重。在开展思想政治教育教学过程中，思想政治理论课教师既要向学生讲授思想政治理论知识，又要使学生坚定共产主义理想信念和马克思主义真理，真正在思想上指导学生。摆脱传统教育教学思维，遵循理论与实践相结合的原则，并积极投身教学改革事业，是现代思想政治理论课教师应该努力实现的目标。明确思想政治教育队伍职能后，思想政治理论课教师更要通过教育教学实践提升个人思想道德素养，拓宽个人思想政治理论知识结构，以更好地服务于思想政治教育教学。

（2）提高教师队伍的整体素质

提高教师队伍整体素质，是党和政府历来高度重视的工作任务，也是加强教师队伍建设的重要内容。以马克思主义理论为教育内容，可以全面提高思想政治理论课教师的教育教学素养。针对当前存在的教师"年龄老化、后继无人、知识水平不适应"的实际情况，主要是以"在职进修和短期脱产培训"等方式，扩大教师的知识面，同时也采取多种措施，鼓励广大教师积极参加科研活动，为思想政治理论课教师营造优越的环境及条件。鼓励思想政治理论课教师参与各种研修活动，旨在提升其思想政治教育教学能力，积累关于开展思想政治教育教学活动的经验和做法，进一步掌握思想政治理论课教育教学策略。

（3）制定落实各项政策是重要保障

基于思想政治理论课实施的改革，必须以制定和落实教师队伍各项政策为重要任务。中央宣传部和教育部联合提出，应切实改善思想政治理论课教师的政治待遇、学习条件和工作环境，并加大教师的培训和进修力度。建立健全以"双肩挑"为主要形式的管理方式。制订思想政治理论课教师的进修计划，规划专业技术职务评定考察内容，解决教师的科研经费问题；逐步建立思想政治理论课教师队伍培养基地，补充完善思想政治理论课教师队伍编制建设，着力推进中青年骨干教师部门负责人的培养。为建立和完善思想政治理论课教师队伍培训体系，可从脱产进修、攻读学位、名师指导、社会考察以及国内外学术交流等方面，不断完善教师队伍建设的考核评价体系和教师职务评聘体系，完善思想政治理论课教师队伍建设的具体措施和政策。

（4）提供队伍建设的支撑

马克思主义理论学科的发展为加强思想政治理论课教师队伍建设提供了坚实的学科基础。培养高水平的马克思主义理论研究者，以及思想政治理论课教学工作者，必须明确学科发展方向，以满足马克思主义理论学科的性质、特点和要求，这是加强马克思主义理论学科建设的必然要求。

在党中央的领导下，针对马克思主义理论学科的建设工作，要以设立马克思主义一级学科为基础，深入研究马克思主义理论体系。

在马克思主义理论一级学科设立后，各高校积极加强对思想政治理论课教师的培养，从研究方向、课程设置、实践教学、培养方式以及专业培训等多个方面入手，不仅提升了现有教师的综合素质，同时也为思想政治理论课教师队伍注入了新的活力。

（5）加强队伍建设的宏观指导

加强对高校思想政治理论课教师队伍建设的宏观指导，是推动教师队伍建设朝着正确方向前进的重要保障。当前，在我国经济体制发生深刻转变，社会结构发生深刻变化，利益格局发生深刻调整，思想观念发生深刻转变的情况下，切实加强党中央及各级教育部门的宏观指导工作，为高校教师队伍建设开拓了新思路，提供了新举措，指明了新方向。

改革开放以来，党中央非常重视对思想政治理论课教师队伍建设进行宏观指导，对"教师队伍建设"各方面提出建设性意见，这主要体现在中央每次颁布的"加强对大学生的思想政治教育""对思想政治理论课程进行改革"等文件上。在教师队伍建设重要性、紧迫性及总体要求，科研组织建设，教师选聘与配备，教师队伍培养与培训，学科建设以及教师队伍建设政策与制度保障等方面，都为加强与改进教师队伍建设作出了明确规划及规定，这是统领高校思想政治理论课教师队伍建设工作的纲领性文件。各级教育部门及高等学校在中央要求与指导下也都采取了积极有效的举措，对教师队伍建设进行了整体规划。

（三）思政教育立体化模式构建的主要原则

1. 主体性原则

思想政治教育应该注重学生的主体意识，采用立体化的教学模式，使其体现主体性原则。立体化教学模式旨在强调以学生为核心，要求在选择教材、教学内容，以及运用教学方法、手段和评价方式等方面要注重学生的自主性、参与性和选择性。这种教学模式本质上是基于以人为本、以学生为主体的教学观。教学内容应当符合思想政治理论课的教学目的和大纲，同时注重培养大学生的主体性意识，使其能够积极参与学习和实践。在教学中，应当重视激发学生的热情和参与度，采用适合的教学方法和工具。在教学评价中，应该使用能够促进学生自主学习的评价方式。

思想政治教育工作的核心是针对人的思想进行转化，以此来影响其行为和态度。思想政治教育是通过引导和帮助人们提高思想道德水平，增强适应社会发展需要的能力和素质，从而使其成为符合社会发展要求的合格成员的一种培养过程。以人为中心，意味着把人放在最重要的位置，给予人应有的价值，认可人的力量和主动性。主体性思想政治教育模式的核心理念是以学生为中心，即思想政治教育应始终注重尊重、理解和关心学生，充分鼓励学生的主动性和创造力，让学生全面发展成为最根本的目标。

2. 目的性原则

思想政治教育必须有明确的目标，并且这个目标是支配性的，这就是目的性原则。同时，目的性原则也是思想政治教育的基本规律之一。思想政治教育立体化教学模式要服务于实现思想政治教育的根本目的，这就是目的性原则。因此，实现思想政治教育的总体目标，需要明确立体化教学新模式的基本目的，确保理论教学、综合实验、实践教学和网络教学等各种教学手段协调应用，共同为思想政治教育服务。

3. 系统性原则

系统性原则的要求是将教育内容和方法有机地结合起来，同时构建教学方法的系统化体系。这意味着在思想政治教育中，不仅要有恰当的教育内容，还要采用恰当的教学方法，并构建起一套科学可行的教学体系。当前，我国针对思想政治教育方法和内容展开的深入研究和针对性分析仍然不足，主要表现为孤立地研究思想政治教育的某一方面。由此，研究成果可能缺乏实践指导意义，这就需要更加具体和深入的研究方法和视角。只有当思想政治教育的方式和内容相互配合并且相互适应时，才能使思想政治教育产生实际效果。

4. 实践性原则

思想政治教育立体化教学模式的显著特点在于强调实践性。实践性教学指的是与传统课堂理论教学不同的一种教育教学方式，它强调利用校外的时间和空间，采用参观、实地调研、现场参与、共同研讨等多种形式进行教学。与课堂理论教学相比，实践性教学更具有实践性和亲身体验性。实践性教学内容不再依靠抽象的概念、逻辑推理和判断等形式，而是通过充实、具体和感性的实例、图像、场景以及人们现实参与的经验来呈现。这可以使教育对象加强对知识、理论和原则的掌握，同时还有助于教育对象将感性认知逐步提升到理性认知。在实践教学中，教师和学生的地位和角色关系更加平衡，体现了一种更为民主、互动的教学模式，相较于传统的课堂教学，学生不再扮演听众角色，而是积极地融入教学过程中，这有助于激发学生的主动性，促使其养成"知行合一"的态度。

二、思政教育立体化模式的实现

立体化教学模式，是课堂教学模式、实践教学模式、网络教学模式和校园文化教学模式的相互融合，进而提升思政课教学的整体效果。课堂教学方面，注重对学生形成科学认识的引导，坚持立德树人，结合新时代背景来创新话语体系，正确把握好政治性和思想性之间的关系，不断提升课堂教学的效果。在实践教学方面，与不同专业学生的知识相契合，增强文化自信的底气，培育家国情怀，坚决摒弃和反对错误的思想观念，进而自觉提升实践能力。在网络教学方面，充分运用相关学习平台，拓展学生学习的空间，激发学生学习兴趣，在教师引导下发挥学生学习的主体作用，增强学生的获得感。在大学生的日常生活中，注重启发学生，与学生成长成才所面临的实际问题相结合，积极推进将思政课元素融入相关专业课教学，逐步构建"大思政"格局。同时，推进思政课考评方式的立体化，在注重平时成绩和期末成绩的考核时，也要通过调研报告、主题演讲和小论文等形式来注重实践成绩的考核。下面具体介绍思政教育立体化模式中的网络化教育模式、校园文化教育模式。

（一）网络化教育模式

相关统计数据显示，全球网络用户数量已经突破 50 亿大关，并且正在以惊人的速度增长。网络的广泛普及和快速发展，对高校学生的学习和生活方式产生了较为深远的影响，高等院校已经成为我国社会"网络化"的发展前沿。如今，网络愈发对年轻大学生的行为方式、价值取向、政治立场、心理成长及道德观念等带来显著的影响。基于此，我国高等院校应该构筑网络思想政治教育新平台，通过技术、法律和行政手段加强学校网络管理，严密管控网络上传播的有害信息，坚决掌控网络思想政治教育的主导权。概括来说，在组织开展网络思想政治教育时，不仅需要关注网络思想政治教育平台建设和管理工作，还需夺取开展网络思想政治教育的制高点。

1. 网络教育现状

（1）信息网络发展的现状

信息网络在全球范围内的应用程度逐渐加深。随着计算机和网络技术的广泛应用，尤其是宽带技术的快速发展，我们已经开始看到全球"信息高速公路"的萌芽形态。当前，通过互联网人们不仅可以获取丰富多彩的信息，包括政治、经济、文化、社会、体育、娱乐等领域，传达信息的方式也变得更加多样化，包括图片、动画、声音等多种形式，同时还有视频等更为综合的表现方式，结合了图像、文字和声音等元素。

当前，我国已经建成了覆盖全国的高速无线传输网络，其主要以光缆为主，辅以卫星和数字微波，以此为基础打造出涵盖电话通信网、移动通信网、数据通信网、图像通信网和多媒体通信网等多种业务网络，同时我国的数字化网络技术已经进入了实质性的发展阶段。可以说，"网络化社会"已经成为我国当前社会的主要发展特征。但是，在看到我国在网络和网站的建设方面已经做了许多工作、取得了一定的成绩的同时，我们应该清醒地认识到，与国际上发达国家相比，与大学生思想政治教育的需要相比，还有很大的差距。

互联网和教育的融合趋势正在深化，并且，互联网和教育正在成为推动社会经济发展的核心要素，由此影响甚至决定社会、国家的历史走向。可以说，互联网和教育是当今时代最具有竞争力的两个要素。现在我国无论是政府上网、企业上网、新闻媒体上网，还是把教育科研计算机网连接到全国的高校和科研机构，都是以工作的便利为出发点的。这些网站上的信息主要是从工作的角度出发，是必要的。而个人网站的立足点多半是商业运作，以商业性和娱乐性为主。

（2）运用信息网络的现状

网络已成为大学生开阔视野、拓展社交、更新知识的重要媒介。但与此同时，网络也给高校学生思想政治教育工作带来了严峻挑战，如网络对高校学生的行为模式、价值取向、政治态度、心理发展以及道德观念等产生的影响。高校是我国社会网络化转型的前沿，是信息化浪潮的体验者和推动者。网络不仅为学生提供了丰富的学习资源，而且也带来了诸多负面问题。随着网络信息教育的广泛普及和蓬勃发展，越来越多的学生将会选择通过网络进行学习和探索。互联网的虚拟性、开放性以及交互性特征，使得当代大学生的思想观念呈现出多元化特点，这给学校做好大学生思想政治教育工作带来了新的机遇与挑战。在当今"网络时代"，如何加强对大学生的思想政治教育已成为一项紧迫又不可回避的重要任务。

现今的大学生能够借助网络平台拓展视野、扩展社交网络、更新学识。这种影响将越来越深远，涉及高校大学生的举止方式、价值观念、政治倾向、内心成长以及道德观念等方面。我国社会已达到了信息网络化发展的前沿，而高等院校则扮演着推进信息化浪潮的先锋角色。目前，我国互联网的最大用户群是大学生。

（3）思想政治教育工作状况

整体而言，我国高校网络思想政治教育已从起步发展期转向快速发展期，包括中国公用计算机互联网、中国教育和科研计算机网、中国科技信息网等都在不断壮大。同时，国务院及各部委先后颁布了一系列法规和政策，这些相关措施为高校网络思想政治工作的推进提供了良好的外部条件和环境。

近年来，高校教育网络、学生自发组建的网络和高校社团网络等呈现出迅速增长的趋势。"在互联网上浏览内容"已成为师生们热衷参与的活动之一。随着互联网成为社会信息的主要传播途径，高校对于在网络平台上进行思想政治教育的关注与支持不断增加，这也促进了网络思想政治教育的繁荣与发展。针对这一趋势，党中央及时意识到高校网络思想政治教育的重要性，加强引导并展开相应的工作。

2. 网络思想政治教育体系建设

宽带多媒体网络，是为了满足学校教学、科研和综合信息服务需求，专门为学校师生提供的校园网。党和政府在各方面不断提高校园网建设水平，以将网络打造成为推进主流思想和促进思想政治教育的关键工具。因此，学校首要任务是先实施网络基础设施建设，为思想政治教育铺好坚实的基础，而要建设主题教育网站或网页并积极开展网络思想政治教育活动，就必须加强校园网络建设。近些年来，我国的教育部门和各地教育行政机构积极推进互联网教育，校园网络建设已逐渐进入大规模实施的阶段。就整体规划而言，校园网建设需要完成设施建设、教育软件开发及培训相关人员三个方面的任务。

（1）增强基础设施建设

构建校园网的物质基础设施，应包含硬件和软件两个部分。主干网、子网设备和连线属于校园网的硬件，而操作系统和校园网应用软件则属于校园网的软件。随着计算机、通信和网络技术的快速发展和机器设备的更新换代，把重心放在建设网络基础设施上，可以维持网络竞争优势地位。在校园网络建设过程中，需要配备适当的硬件设备，包括布线、服务器、工作站、交换机和路由器等，并进行相应的系统软件平台设置。布线工程是产生最大影响的因素。如今，光传输已成为衡量网络速度和质量最关键的技术标准。因此，在进行布线工程时必须考虑长期效益。虽然网络硬件建设很重要，但不要忽略网络应用软件的建设，应妥善合理处理硬件与软件的关系。

在校园网建设过程中，学校不能仅关注校园网硬件设备的技术含量和规模，而忽略软件建设的重要性。即使学校拥有高质量的硬件设备，仅凭此认为教育已实现现代化水平是错误的。从某种角度而言，增加校园网硬件设备水平只需要更多的投资，但要提高校园网软件水平则需要更复杂的措施。为了在校园网络建设中实现"点面结合、深入拓展"，学校需要在软件配置方面高度重视关键性应用软件的安装与设置，确保开发的教学软件是高品质的，同时，要合理利用人才和网络资源。因此，一方面要充分利用高校自身的技术人员和网络资源优势，以及硬件同步建设，自主地逐步设计出有自己特色的应用系统；另一方面可引进现成的系统平台。①

（2）增强网络教学软件建设

校园网的核心内容之一就是建设网上教学软件。要让校园网真正融入日常教学活动，需要长时间辛勤地努力，因为这项任务十分复杂。开发和配置教学软件，使用非线性编辑系统、多媒体教学软件制作工具，以及光盘刻录系统等相关设备，这是必不可少的。

（3）增强相关人员培训

要保证校园网正常运行，一项关键措施是对相关人员进行培训。在校园网布局和建设初期，学校的高层管理人员和广大教职员工需要花费时间适应这项新的科技。因此，学校有必要根据不同人员的需求，确定专门的培训计划和内容，以帮助他们更好地适应和使用校园网。具体想法包括以下几点。

①更加注重对主管校园网工作的各级领导的培训，特别是在整体规划和总体框架方面，并促进他们观念的转变。

②校园网络应由管理和维护人员负责全程建设，参与系统集成和操作培训。这样做不仅可以锻炼网络管理和维护人员队伍，节省经费，还可以让网络管理和维护人员更熟悉校园网所需的硬件设备连接，以及各种网管软件的使用与维护等情况。

③按照教职工教学需求展开分层次培训。

④开设现代教育技术培训班，旨在让所有教职工都具备现代教育技术应用能力，利用多媒体教室内的设备，进行高效的教学。为了使培训目标在计算机和信息网络方面有所提高，所有教职工必须熟练使用计算机信息网络和电子邮件，熟

---

① 王虹，刘智．新媒体时代高校思想政治教育创新研究[M]．北京：中国社会科学出版社，2012．

练应用多媒体教学软件和管理软件进行教学和管理。此外，他们还应该掌握计算机和信息网络安全保护方面的知识，并且了解相关法律法规。

⑤开设老年教师计算机基础课程，旨在帮助年长的教师掌握计算机基本知识，熟练使用常见的文字处理和表格处理软件。

⑥计算机基础课程培训班，旨在让教师熟练掌握基本软件操作技能，提升计算机基础知识应用水平；具备多媒体教学软件运用能力；熟练掌握计算机多媒体技术，可独立开发并制作简易的教学助手软件；在教育与研究领域，可以运用计算机和信息网络来完成相关工作。所有中青年教师都可以参加培训。

⑦教学课件制作培训，旨在培养一批具备独立开发、制作本专业教学课件能力的优秀教师，从而为学科课件系列的开发奠定牢固的基石。培训对象以青年教师和中年教师为主。学校可以通过组织网络信息技术讲座，帮助学生学习网络知识，同时采用多种形式开展这些学习活动。使用互联网络来实现学习任务，可以激发学生的探索性和创新性思维，同时也能增强他们的动手能力。

3. 思想政治教育主题网站和网页建设

当前，我国高等院校在实施网络思想政治教育方面已取得较为明显的成效。总体来看，学生更倾向于使用网络创建与思想政治教育相关的专题网站，而学校或思想政治教育工作者制作此类专题主页或网站的数量相对较少。因此可以发现，网络思想政治教育专题或非专题主页创建水平存在差异，缺少独特或富有活力的个性化交互界面。为了改进，学校思想政治教育工作者需要加强理论深度，注重推进实践创新，建设更富有教育意义的思想政治教育网站或网页。

（1）网站建设

创建一个充满吸引力和影响力的思想政治教育网站，关键是要加强网络基础设施建设。学校思想政治教育工作者应该积极推进网络思想政治教育的普及，扩大网络思想政治教育的影响力，将马列主义和中国特色社会主义理论体系作为开展网络思想政治教育的指导思想，通过网络渠道积极宣传和普及。学校思想政治教育工作者应更加注重学习中国特色社会主义理论体系中的关键思想，以确保网络思想政治教育能够正确引导舆论，将正确的世界观、人生观、价值观灌输给学生；同时，学校思想政治教育工作者需要在重要的政治问题上清晰地表达观点，积极地参与讨论并引导学生的观念，大胆指出错误观点，并积极、及时地纠正错误信息，持续倾听网上党团组织的意见和建议。

（2）贴近校园

建立网络平台，实施隐性渗透教育，逐步推进网络思想政治教育。学校网站，如论坛、聊天室和其他相关板块等，都是学校逐步推进网络思想政治教育的有益尝试。

（3）搭建校园立体平台

整合校报、广播、电视台等媒体资源，充分利用校园新闻资讯，搭建一个立体化的校园网络新闻平台，重点推广典型案例，深度分析热点话题，引导公众舆论，全方位地开展网络思想政治教育。

（二）校园文化教育模式

校园文化是校园环境的核心内容，也是一种特殊的社会文化现象，具有自觉性、稳定性和组织性特征。校园文化以中国特色社会主义为核心价值观，以学校文化活动为主要形式。由全校师生共同塑造的校园文化，是一种兼具时代特色和校园特点的社会文化现象。

1. 文化教育的原则

（1）主导性原则

在建设校园文化时，学校思想政治教育工作者应坚持以社会主义意识形态为主导，贯彻党的基本路线和方针政策；以先进文化为指引，坚持社会主义价值体系，运用科学理论开展思想政治教育，创造一个有利于大学生思想政治教育的校园文化环境。

（2）系统性原则

校园文化是一个复杂的、开放的、多元并存的系统，具有整体性、结构性、层次性和开放性的系统特征。要实现整体优化，校园文化建设必须有明确的目标、详细的计划和有条不紊的组织策略。这意味着需要综合考虑各个方面的文化，包括学生和教职工的文化，物质和精神的文化，以及课内和课外、通俗和高雅、学习和生活区域的文化。

（3）自主性原则

校园活动的实践责任应该由学生来承担，尤其是在学生科研和课外活动方面，以充分支持和激发他们的创新精神，同时提高其自我管理和自我服务方面的能力，这样有助于促进大学生的成长。

（4）教育性原则

开展校园文化活动是一种潜移默化的思想政治教育，应真正寓教育于各类活动之中，全员参与、全方位构建。为了有效地进行青年学生的素质教育，校园文化活动的组织必须注重其知识性、趣味性和科学性，这是不可或缺的。

（5）创新性原则

随着我国高等教育改革的深入发展，高校在办学体制、管理模式上进行了一系列的探索和实践，形成了具有鲜明特色的校园文化。为了确保校园文化能够永葆生机和活力，思想政治教育工作者必须不断更新思想政治教育和管理的理念，注重培养学生的综合素质，特别是创新精神和能力，激发学生的创新潜力，并致力于创新校园的硬件和软件环境。

2. 校园文化建设的路径

在当前形势下，大学生思想政治教育所面临的机遇和挑战同等重要，因此，思想政治教育工作者必须高度重视校园文化建设的重要性。校园文化作为一种特殊形态的育人环境和载体，对高校学生具有潜移默化的作用。在校园文化的塑造中，建设是至关重要的一环，只有把校园文化作为一种重要的教育资源加以利用，才能充分发挥它对高校学生育人功能的积极作用。在新的时代背景下，思想政治教育工作者应不断探索创新校园文化建设思路、观念、形式和方法，为开创大学生思想政治工作的新局面而不懈努力。

（1）校风建设

为了服务于社会主义现代化建设和高校的育人目标，思想政治教育工作者必须以大学生思想政治教育的现状为出发点，彰显新时期高校的人文精神和大学生积极向上的良好风貌，从而推进校园文化建设。校园文化体现着一种文化氛围和价值取向。校园文化建设的核心在于塑造学校精神，而校风建设则是实现这一目标的重要手段。优秀的校风可以激发广大师生员工奋发向上、团结奋进的积极性和创造性，从而促进校园精神文明建设，提高办学效益。

校风是一种精神力量，它凝聚着全体成员的意志与力量，影响着人们的思想观念及行为方式，对培养学生高尚的道德情操、健康向上的精神风貌有着重要作用。学风和教风是校风的最为显著的体现。确保校风建设良好，应当着眼于教风建设，而领导作风建设则为教风建设的重要事项。学校应当积极推进师德教育活动，针对当前形势和文化建设重点，充实学习内容，同时将学生学习与学校实际工作有机结合；要加强教师职业道德建设，通过多种形式的学习宣传活动，如专题讲座、学习交流会、图片展、知识竞赛等，以符合学生特点的方式，使广大教职工成为有理想、有道德、有文化、守纪律的社会主义建设者。

（2）开展文化活动

在校园文化建设中，品牌文化建设是至关重要的一环。为此，学校思想政治教育工作者需要精心策划和部署，投入相应的物力、财力和人力，组织适合本校办学特征的全校性大型活动，如德育节、科技节、体育节、合唱节等，让这些活动成为校园文化的象征，成为实施素质教育的一道亮丽"风景线"。在学校的所有教育和管理行为中，都蕴含着校园文化的精髓。除了策划规模宏大的活动外，学校思想政治教育工作者还需要协调教师的业余生活和学生的课外活动，如探索社团、班级、寝室和食堂文化建设，以促进学生在潜移默化中增长才干和接受主旋律文化，通过巧妙地融合传统节庆、重大事件以及开学和毕业典礼等，策划并实施具有特色的主题教育活动。

（3）完善校园文化设施

为了提升学生的人文素养，高校应该有针对性地开设人文选修课程和强化课程，同时举办丰富多彩的校园文化活动；要充分利用各类社团和社会实践基地；举办多种形式的人文素养演讲，策划一场关于人文精神的广泛探讨；充分利用现代媒体手段，在校内建立学生学习成才网站；以网络为媒介，积极主动、全方位地将学校丰富多彩的思想政治教育内容融入校园网络，致力于打造高品质的校园文化氛围。

高校在校园文化物质建设方面，需要进行精心的规划和科学的布局，以处理传统与现代建筑风格之间的关系，实现山水园林、人文景观和自然景观的完美融合，从而赋予其传统韵味和时代气息，同时突出其深邃的文化底蕴。

在高校校园文化制度建设方面，应当加强制度建设，坚持依法治校的原则，保持兼容并蓄、宽容包容的管理态度，在管理方法上注重收放适度、粗细相宜，同时不断完善检查防范和督促机制。

（4）加强校园文化管理

高校在校园文化建设过程中，应当注重将校园文化转化为具有教育性的元素，通过引导而非随意的方式，注重严谨而非盲目、积极而非消极的态度，同时也要注重其学术性，强调学术氛围，举办多样化的学术讲座，聘请专家学者介绍学术动态，提供学术咨询和指导学术研究，以凸显高校校园文化与其他社会文化的显著差异。

三、社会转型与思政教育的现代转型

思想政治教育是社会的一部分，社会变化决定了思想政治教育的变化。随着传统社会向现代社会的转变，思想政治教育也会发生转变。社会转型在本质上是社会结构的转型，同样，社会结构转型促使思想政治教育结构转型。思想政治教育转型的核心是思想政治教育结构转型。

（一）思政教育社会结构转型

社会学的社会转型理论指出，社会结构的演变是社会转型的本质。思想政治教育在社会变革中处于核心地位，其价值取向必然随着时代和实践的变迁而发生深刻改变，从而使其自身也呈现出不同特点。思想政治教育的现代化转型并非单纯的发展变革，而是一场深刻的结构性变革。

然而长期以来，我国的思想政治教育未能跟上社会变革的步伐，难以应对社会挑战，这与思想政治教育的转型滞后密切相关。思想政治教育要完成由传统向现代的转变是一个长期而艰巨的过程，它既需要思想政治教育工作者的不懈努力，也离不开社会变革带来的巨大压力。推进思想政治教育的主动转型，必须以高度自觉的态度，使其紧跟时代变革和社会转型的步伐，实现教育的全面升级。

（1）时代转型。这里所说的时代，是指时代的主要特征。中国所处的现实社会，是由传统性、现代性和后现代性三者交织而成的社会，然而现代性在其中扮演着主导角色。现代化过程中产生了许多问题，具体涵盖城市化、工业化、科技、教育、消费等多个方面。

（2）社会转型。核心是社会结构的分化与转型。社会结构发生分化，大量社会要素本来具有内隐性特征，在社会上并没有占据位置，现在已成为显性因素，这些社会因素不仅在社会系统中凸显出来，而且占据重要位置，发挥重要作用。这是造成社会多样化的基础原因。

（3）力量转型。这是"权力的转移"。由体力到机器、由资本到智力，知识在现代社会的地位越来越重要，越来越成为重要的力量。在当今社会，人们对于文化的期望越来越高，这是知识因素对社会和个人影响的体现，因此人们对于思想政治教育的要求也越来越高。思想政治教育所处的客观环境，构成了其不可或缺的组成部分。因此，思想政治教育要适应这种变化必须进行改革。从中国社会向现代转型的角度来看，思想政治教育已经经历了从传统到现代的深刻变革。

（二）思政教育现代转型

随着社会条件的变化，思想政治教育不断进行改革创新，努力适应社会环境、对象需要和自身工作的需要，得到创新、发展和加强。特别是在高校系统，采取一系列措施，从学科建设到队伍建设，从课程建设到师资培训，从制度建设到机构设置，大学生思想政治教育得到了明显加强和改进。但就社会环境而言，思想政治教育面临新的挑战，有些情况甚至比以往更加严峻，使工作变得更加困难。社会上存在着否定思想政治教育的思潮，思想政治教育机构数量也在萎缩。[①]

高校及各行各业在开展思想政治教育时，实际效果受到很大的减损，这与缺乏必要的社会舆论与社会文化心理的支持有很大的关系。显然，思想政治教育需要相应的社会文化生态，只有社会子系统领域开展思想政治教育，与社会大系统领域思想政治教育文化做到相互呼应，才可能实现思想政治教育取得良好效果。改革开放前思想政治教育之所以有较好的效果，其重要原因就在于单位思想政治教育活动与社会政治文化形成一体，内外相互增益。在开放的社会环境中开展思想政治教育，这种增益理应更加必要，而事实是这种增益在弱化。

从全社会范围来看，存在着两种思想政治教育：（1）以思想政治教育名义开展的思想政治教育；（2）不以思想政治教育名义开展的思想政治教育。思想政治教育学科、专业、专职人员是中国特有的，具有中国特色，但是，思想政治教育

---

① 孙其昂. 思想政治教育现代转型研究 [M]. 北京：学习出版社，2015.

事实上又是世界各国都在做。国外有思想政治教育，但不用思想政治教育的概念，使用了其他诸如政治社会化、政治教育、公民教育、道德教育等概念。与此相应，我国正在形成一种态势。思想政治教育事实上在做，各种各样的思想政治教育也做得很多，但许多人回避使用思想政治教育概念。社会上正在形成不用思想政治教育名义来做思想政治教育的某种文化。

改革开放以来，为了适应社会主义现代化和社会主义市场经济发展，推进思想政治教育的加强和改进，思想政治教育领域提出了诸如转变论、创新论、发展论、改革论、加强论、改进论、现代化论、科学化论等，对思想政治教育现代化科学化进行了广泛探讨，发挥了积极作用。

四、思政教育现代化转型的机遇与挑战

要实现思想政治教育的现代化，就需要进行一项庞大而复杂的系统改革工程。思想政治教育工作者应当秉持马克思主义理论并贯彻马克思主义中国化的思想，同时借鉴科学发展观和优秀的社会主义精神文明建设经验，在尊重客观规律的基础上，充分调动受教育者的积极性。这些指南和实践方向的本质是一致的，它们致力于提高受教育者的综合素质。要保证正确的方向，现代化的思想政治教育需要与社会主义精神文明建设相辅相成。自改革开放以来，在经济、政治、文化、道德等方面，社会主义建设取得了显著的成就，这些成就为现代化思想政治教育提供了必要的支持。但与此同时，信息化时代的到来，给现代化思想政治教育带来了许多挑战，其中最明显的问题是信息来源的多样化，以及信息传播渠道的网络化。这种情况使得一些落后腐朽的文化得以存活，给我国的思想政治教育带来了巨大的考验。

（一）思政教育现代化转型的机遇

随着互联网技术的不断发展，思想政治教育的范围已经变得更加广泛，其能够适应时代发展的变化，具有开放性，并且必然与国内外经济、政治和文化的变革密切相关。在互联网技术的有效影响下，我国的思想政治教育工作迎来前所未有的机遇。

1. 互联网技术为思政教育营造了优越的环境

更加优越的物质环境。互联网技术使各国间的交流和沟通更加便捷高效，随着国家经济的快速发展和综合实力的增强，党和政府在思想政治教育方面不断加大支持力度，教育设施的持续完善也为教育工作者提供了更加优越的工作环境，从而进一步提高了他们的工作效率。思想政治教育工作者可以利用互联网技术来提高教育质量，充实理论资源，具备更广阔的视野和思维空间，这也让我国的思想政治教育工作取得了更好的效果。

更加优越的教育环境。互联网技术为思想政治教育提供了更为广泛的资源，使思想政治教育得以依托互联网环境获得快速发展。思想政治教育资源的扩充会进一步充实思想政治教育内容；同时，由于采用了多种多样的方法，思想政治教育措施的不足之处也得到了弥补。随着形势的变化和问题的出现，思想政治教育工作者要重新审视自身的角色，并积极探索创新教育内容和方法，采取多样化的策略来应对日益复杂的挑战，以平等、互动的方式与学生进行对话和交流。

更加优越的政治环境。随着互联网技术的飞速发展，国际社会日益形成了一个紧密联系的整体。各国已经深刻认识到快速发展的重要性，其实现离不开其他国家的协作与支持。要促进发展，彼此经济间的相互依赖关系至关重要。这再次证明了和平与发展已经成为时代的主流趋势。思想政治教育得以更好地发展，得益于法治建设的完善和政治制度的全面发展所提供的优越政治环境。

2. 互联网技术促进思政观念更新

随着互联网技术的不断发展，学生的视野进一步扩大，思想也更为活跃、自由、开放，他们更加关注国际和国内形势的发展变化情况，认识到自主就业的价值。学生的全球意识、竞争意识、自我意识和进取精神等由此得到激发。因此，他们的政治主体意识、平等权意识和人权意识进一步提高，这些变化无疑将推动高校思想政治教育工作朝着良性的方向发展。

3. 互联网技术为思政教育创新提供了条件

互联网技术是以科技创新为先导的，并且进一步促进了科学技术在全球范围内的发展。在信息网络技术迅速发展的背景下，思想政治教育工作者运用新的教育工具和手段，不断创新思想政治教育工作方式。

随着信息技术和网络技术的飞速发展，思想政治教育工作者有机会利用先进工具开展思想政治工作，创新方式和方法，为其注入新的活力并在更广泛的领域拓展影响。互联网技术的发展为高校思想政治工作法律化、制度化奠定了基础。互联网技术的发展还为思想政治教育工作者认识参与的重要性奠定了基础。传统的思想政治教育方式，即一味强制而不是积极主动地接受，正逐渐变得不再重要。互联网技术使教育环境逐渐优化，不同国家之间的文化交流越来越频繁。这些条件为思想政治教育开启了新的途径和方式。

（二）思政教育现代化转型的挑战

从现实角度来看，高校大学生思想政治教育面临诸多问题，与此同时，互联网技术飞速发展也为这一领域带来了前所未有的挑战和难题。首先是社会环境变得越来越复杂。随着国际环境不断变化，互联网技术已经全球普及，其对我国的经济发展具有积极的影响力，但同时也在一定程度上影响着我国的主流价值观念。此外，互联网技术还进一步加大了思想政治教育的实施难度。其次是信念教育被冲击。在互联网技术蔓延的今天，我国的经济结构、利益分配、组织方式和就业形态等均发生了深刻变革，并且，各种非马克思主义的思想对学生的理想信念教育造成了一些负面影响。

第二节　互联网背景下思政教育的长效机制

一、思政教育工作机制优化的价值内涵

（一）基础价值——维护大学生意识形态安全

1.大学生意识形态的现状分析

高校作为高素质人才培养的"主阵地"，面对日趋多样化、复杂化的社会思潮冲击，其需要在社会主义核心价值体系的指导下，全面加强大学生思想政治教育工作，不断优化机制，充分挖掘人才与知识资源，发挥高校在学生思想政治教育中的优势与作用，保证将当代大学生培养成未来社会主义事业合格的建设者与

可靠接班人。随着我国社会主义市场经济制度的逐步发展、改革开放的进一步深化，社会的政治、文化环境等都发生了许多变化，当代大学生的思想观念、意识形态、行为方式也发生了明显的变化。

（1）大学生意识形态的发展趋势

大学生的思想随着时代的发展与变化与时俱进，并且是走向一种健康的趋势，大学生的思想表现出一种积极向上的态度。越来越多的大学生开始关心国内外时事政治，爱国热情愈加强烈。大学生作为未来发展的中流砥柱，爱国思想关系到国家未来的发展，大学生学会更多地进行自我思考，包括如何实现自我价值，如何更好地进行自我规划等，这些都更为明确清晰。要在新形势下做好对大学生的意识形态教育工作，确保马克思主义在大学生意识形态中的主导地位，使大学生在潜移默化中坚定社会主义核心价值观，进行自我批评、自我完善。大学生的人生观和价值观也愈发成熟，在问题的思考上更多的是考虑整体，社会责任感明显加强，个人主义下降。

（2）大学生意识形态存在的主要问题

从整体上看，当代大学生的主流思想是积极向上、充满正能量的，并且在意识形态、人生观、价值观、世界观、择业就业观念上都具有时代的特征，是新时代下的产物，但新的矛盾与问题也随之产生。

我国正处于社会转型中，随着经济全球化的影响，造就了复杂及多元化的社会环境，这对当代大学生的主流意识思想既有积极的影响，同时也产生了一定的消极因素，在新的思想和观念的冲击下，大学生的自我判定标准会出现偏差，难以抉择。这是因为在新时代背景下，往往会出现新旧两种不同的道德观念，他们之间有着联系却也有着冲突，大学生在生活中对于不同的现象会显现出不同的反应和评价，对于事物也会给出不同的评价。在新的认知中，以往的助人为乐、舍己为人等优秀的传统品格得到了不同的理解，甚至有的传统品格不再占主导地位，在这种情况下，大学生们很难形成一个共同奋斗价值目标。同时，由于大学生的主流意识形态教育内容滞后于社会现实，在大学生面对现实生活中的困惑时，缺乏强有力的指导内容，再加上学校理论教学的形式较为单一，内容也与学生实际情况脱离，主要还是以知识教育作为主流意识形态教育的主要内容，从而造成大学生理论基础薄弱等问题。

另外，由于大学生还处在成长发展阶段，容易受外部环境的影响，在一些消极因素的影响下，大学生容易注重现实功利而忽视理想信念，关注物质创造而轻视精神培养。随着我国市场经济的飞速发展和经济全球化的影响日益加深，大学生的精神追求更趋向于物质化，并且在复杂的社会环境中，形成盲目地追求和趋利的道德思想状况。由于大学生的社会阅历不足，主观能动性较低，在社会实践中难以对事物进行正确的分辨，导致容易形成物质主义的价值观。在信息化的时代中，大学生们有了更多更快获取多类信息资讯的途径，导致大学生的一些思想观念也发生了变化，这也是目前我们面临的问题之一。

2. 大学生意识形态工作的重要性

大学生正处于人生观、世界观、价值观形成与确立的特殊时期，因此要注意把握思想动态，注重大学生的德育教育。中国数千年的文化中，一直注重德育的教育。随着时代的变迁，德育的内涵也要与时俱进，通过大学生价值观的变化和发展规律，教育机制也要进行改革，进行多层次、多元化、动态化的教育改革，以更高的要求提升大学生的综合素质，树立大学生的社会责任意识。

（二）核心价值——增强大学生思想政治教育实效性

1. 实效性是大学生思想政治教育的价值取向

大学生的思想政治状况直接关系整个中华民族的素质，在现如今大学生群体出现思想认识多元化，尤其是一些错误思想及观点已经对大学生的思想行为产生了负面影响的情况下，更加需要加大对当代大学生的思想政治教育，增强教育工作的实效性。

要有效地增强大学生的思想政治教育实效性，需要我们坚持实效性这一检验标准，并坚定理想信念，加大中国特色社会主义教育，用马克思主义思想与中国特色社会主义理论体系武装大学生头脑，增强他们的民族自信心，提高他们的认同感。实践是检验理论的唯一标准，通过实践的过程和最后的效果对大学生的方法措施、思想观念以及规章制度进行检验，确定是否可行，是否符合客观事实并具有有效性。对于错误的地方要及时进行纠正，对于正确的部分要进行宣传指导。要引导大学生坚定理想信念，积极投身实践工作学习中，为社会主义建设贡献自己的力量。

增强大学生思想政治教育科学理念的实效性，主要是要坚持"以学生为本"。坚持"以学生为本"，主要是强调大学生在思想政治教育中所占的主体地位，尊重学生的基本权利，促进大学生更快成长，实现全面发展。同时也要扎实推进大学生的思想政治教育工作，调动大学生的积极性和主动性，学生要成为思想政治教育的主体，要让学生切实学习到思想政治教育的中心思想，更为主动地接受思想教育。在思想政治教育的目标上，要把思想政治教育的针对性、实效性、吸引力和感染力有效提高。对学生的思想政治教育既具有一定的难度，同时也存在一定的复杂性，这就要求大学生的思想政治教育需要坚持以人为本，做到坚持教育好学生、引导好学生，又对学生做到尊重与理解。大学生作为中国特色社会主义事业的可靠接班人，要加大对大学生的爱国主义思想教育，要从国家意识、文化认同和公民人格三个方面提高他们的思想政治素质，注重其思想品质教育，提高其道德修养，为建设中国特色社会主义而奋斗。

于此，应当做好大学生的意识形态教育，让他们在实践中认可社会主义意识形态，树立社会主义核心价值观，自觉地投入到社会主义建设事业中。思想教育工作需要与时俱进，勇于创新，并在发展变化中不断地拓宽自己的思路，更新理念，增强教育的实效性，使思想政治教育工作做得更好更优。

2. 加强大学生思想政治教育实效性的重要意义

学生的思想道德水平与国家、民族的未来息息相关，做好大学生思想政治教育，提升大学生的思想道德水平，不仅关乎大学生的个人成长，还关乎民族的未来走向。所以，高校必须加强大学生思想政治教育，用社会主义核心价值观体系加以引导，帮助大学生树立正确的人生观、价值观、世界观，使其成为合格的接班人。为此，高校必须提升思想政治教育的实效性，这具有非常重要的意义。

（1）有利于对思想政治教育的认识

高等教育的任务是培养学生，不仅要提升学生的专业水平，增强其专业技能，还要培养其社会主义核心价值观，提升其思想政治水平，使其顺利地承接社会主义建设之重任，而这则需要思想政治教育来实现。高校的思想政治教育主要通过思想政治教育理论课程的开展来实现，在社会主义环境下，思想政治理论课是高等学校独有的优势，可以让学生快速掌握马克思主义的相关理论与方法。该课程的学习效果与大学生能否成为合格的接班人、建设者密切相关。所以，高校必须对思想政治理论课程的开展予以高度重视，对其在大学生健康成长方面发挥的重要作用作深入了解，对其在高等学校教育体系中的地位予以巩固，将其在培养合格的建设者和接班人中的作用充分发挥出来。而这，需要高校思想政治教育课程坚持以社会主义核心价值观为主导。另外，通过对高校思想政治教育工作机制进行创新，可让大学生更深入、全面地理解马克思主义理论与方法，提升其思想政治水平，坚定其社会主义立场，让其成为合格的建设者、接班人，顺利承接中国特色社会主义建设之重任。

（2）提升高校思政教育的创新性

现如今，各行各业都认识到了创新的重要性，都在积极推行创新，高校思想政治教育也不能落后，要积极创新，体现其独有的价值，维护其内在优势。同时，要对高校思政教育工作机制进行优化，使高校思政教育实现更好的发展。我们需要积极探索通过协同创新优化大学生思想政治教育工作机制的有效途径。具体而言有以下两个方面。

一方面，创新育人内容。要做到不断创新大学生思想政治教育的内容，引入马克思主义中国化的最新理论成果。"与时俱进"是马克思主义的显著特点，它表现为马克思主义的思想与内涵随实践发展不断丰富。所以，坚持马克思主义与新形势下的实践活动相结合，用马克思主义与实践活动相结合产生的最新理论成果指导社会实践活动，只有这样才能真正做到坚定不移地坚持马克思主义。为了创新育人内容，高校的思想政治教育要积极引入马克思与最新的实践活动结合产生的最新的理论成果，用它们来开展思想政治教育，让大学生真正理解、记住马克思主义，在日常行动中自觉地遵守马克思主义，让最新的马克思主义思想内容为大学生思政教育的发展与进步提供有益指导。

另一方面，高校思想政治教育要对育人途径进行创新。在高校的思想政治教育中，不仅思想理论课程发挥着重要作用，社会实践也非常重要。现阶段，在大学生教育培养方面，让大学生参与社会实践是一种不可或缺的重要方式。只有让大学生真正参与到社会实践中来，才能让他们真正参与社会主义现代化建设，尽早掌握、感知社会主义先进文化，从而下定决心，坚持社会主义道路，让自己的人生追求与社会主义建设实现完美融合。

另外，借助高速发展的互联网、移动互联网，高校可以创新思想政治教育课程的开展方式与途径。在网络思想政治教育方面，高校必须占据高地，抵御不良网络文化对大学生思想的腐蚀与侵害。高校要根据社会主义核心价值观发展自己的网络，顺应时代发展需要，加强与互联网有关的思想政治教育，以培养合格的建设者、"健康"的接班人。

（3）提升思想政治教育的吸引力

高校的思想政治教育只有符合实际、贴近生活，才能真正实现与马克思主义思想、观念融合，让学生更深入地了解、掌握马克思主义，对思想政治教育课程产生兴趣，让高校思想政治教育更具吸引力。马克思主义不仅要具备理论层面的说服力，还要与实际生活，尤其是大学生的现实生活相结合，从而让大学生全面掌握马克思主义相关理论。马克思主义与我国实际国情相结合催生了中国特色社会主义核心价值观，所以高校的思想政治教育要以该价值观体系为指导，而这亟须增强高校思政教育课程对大学生的吸引力。为此，高校要想方设法创新思政课程的教学方法与手段，实现社会主义核心价值观的完美融合，以切实提升思想政治教育课程的吸引力，让学生爱上思想政治教育。

（三）根本价值——培养合格建设者与接班人

由于大学生承接了未来中国特色社会主义建设的重要使命，所以大学生的专业技能、思想政治水平与将来社会主义建设成果密切相关。

对于社会发展来说，高校加强思想政治教育是一项重大战略。因为良好的思想政治教育不仅可以帮大学生树立正确的"三观"，让他们坚定"为特色社会主义建设而奋斗"的理想，深入了解、掌握马克思理论与方法，提升自己的综合素质水平与专业技能，实现健康成长，还能让他们为社会主义现代化建设贡献力量，让民族复兴的"中国梦"得以实现。因此各大高校要进一步加强思想政治教育，改进思想政治教育方式、方法，提升教育教学效果与质量，提升大学生的思想政治水平，让他们可以顺利地承接社会主义建设之重任，推动"科教兴国、人才强国"战略全面实施，以人才提升我国的国际竞争力，保证我国在国际竞争中占据绝对优势，为全面建成小康社会、加快社会主义现代化建设、中国特色社会主义事业持续发展等目标的实现保驾护航。由此可见，高校做好思想政治教育是至关重要的。

我国的高校教育必须将"德育"放在首位，高度重视思想政治教育与教学。高校的思想政治教育要坚定不移地以社会主义核心价值观为指导，让学生对该价值观体系产生全面而深入的了解，以树立正确的价值观，顺利承接社会主义建设之重任。总而言之，作为社会主义事业的接班人，大学生的思想政治水平不仅关乎个人成长与发展，还关乎整个民族、整个国家的兴衰。

二、思政教育工作机制优化的理论依据

（一）学生发展理论

学生发展理论将人类发展理论应用于高等教育，其主要探讨与心理发展相关的普遍问题，包括认知和智力、情感和态度、伦理和道德，以及特定行为（如职业选择和饮食习惯）的发展等。学生发展理论可以为学生的成长过程提供辅导，并为制订各种计划和服务方案提供理论基础，从而指导学生事务管理的工作。具体来看，学生发展理论所研究的类型主要涵盖以下几种。

1. 关注学生发展内容的学生发展理论

注重学生发展内容的学生发展理论的代表人物是埃里克·埃里克森（Erik H Erikson）、亚瑟·奇克林（Arthur Chickering）。

埃里克森提出了人的发展八阶段理论。他认为人格发展受社会文化背景的影响和制约，自我在人格中的作用是建立自我认同感和满足人控制外部环境的需要。个体发展贯穿于人的一生，这个过程具有阶段性。整个发展可分为八个阶段：信任与怀疑（出生—18个月）、自主与羞愧（18个月—3岁）、主动与内疚（3—6岁）、勤奋与自卑（6—12岁）、角色同一与角色混乱（12—18岁）、友爱亲密与孤独（成年初期）、繁殖与停滞（成年中期）、完美无憾与悲观绝望（成年晚期）等。随着终身教育理念的不断深入和美国高校招生范围的不断扩大，埃里克森的人格发展八阶段理论得到更为广泛的运用[1]。

奇克林在实证研究的基础上提出了学生发展的"变量理论"，认为在大学期间学生面临最重要的发展问题是建立同一性，以及围绕同一性发展的7个变

---

[1] 游敏惠，余惠琼. 美国高校学生事务管理研究综述[J]. 重庆邮电大学学报，2008，20（1）：106-110.

量：发展能力、管理情绪、自我管理、确立同一性、成熟的人际关系、成长目标、自我完善。学生发展的"七变量"由简单到复杂，既相互区别又相互联系，呈螺旋形阶梯式递进，其中，高校学生事务管理对"七变量"所施加的影响不可忽视。

2. 关注学生发展过程的学生发展理论

关注学生发展过程的学生发展理论的代表人物是让·皮亚杰（Jean Piaget）、威廉·佩里（William Perry）和劳伦斯·柯尔伯格（Lawrence Kohlberg）。

皮亚杰的研究聚焦于了解学生在认知方面的发展和差异。他强调了遗传对智力发展的重要性，同时也指出环境在这个过程中扮演的角色。皮亚杰将个体的成长视为思维水平逐步提高的过程，并把它划分为不同的阶段，这些阶段与学生的年龄并不直接相关。

柯尔伯格对心理学有较为显著的贡献，他通过拓展皮亚杰的理论和方法，推动了学生发展理论的发展。柯尔伯格在研究道德两难问题情境时归纳的"三个水平"和"六个阶段"，有助于人们了解个体道德发展的不同阶段。按照顺序排列，"三个水平"包括前期习俗水平、中期习俗水平和后期习俗水平；个体道德发展的"六个阶段"以次序排列，分别为：惩罚服从取向阶段、相对功利取向阶段、寻求认可取向阶段、遵守法规取向阶段、社会契约取向阶段、普遍伦理取向阶段。柯尔伯格的看法是，学生道德的塑造应该更多地注重正义、平等的原则，或者通用的伦理准则，而不是过于依赖于个人的兴趣爱好。

根据卡尔·罗杰斯（Carl Rogers）的解释："学生发展"，即在高等教育机构中，学生通过不断成长与进步，进而提升个人各方面的能力。罗杰斯提出了一种以"以当事人为中心"（client centered）的心理咨询理论。该理论基于人本主义心理学的基础，旨在关注和尊重每个个体的独特经验和情感需求。在罗杰斯看来，每个人都有自我实现的憧憬，但当社会的价值观内化成个人的价值观，并与最初的自我产生冲突时，个人就会产生焦虑。由于心理上的压力，人们往往会采用心理防御机制，而这会限制自我的思想和情感的自由表达，可能导致个人的自我实现能力受到损害，从而阻碍自我的心理发展。罗杰斯所倡导的"无条件积极评价"（unconditional positive regard）原则，被广泛应用于学生事务中。这一原则以学生为中心,推动教育工作者在工作中保持价值中立的态度,不做任何判断。卡尔·罗杰斯所提出的理论,对学生的心理咨询和教育实践有着显著的影响作用,能够促进学生的发展。

3. 关注学生发展类型的学生发展理论

类型理论致力于表述和解释人格类型,以及为什么不同的个体在相同的情况下会表现出不同的反应。类型理论属于非价值判断理论,它注重个体之间的差异,并认为这些差异对于团队的健康和效益具有积极作用,个体的差异在特定情景中可以产生积极的效果。这个理论汇集了卡尔·荣格(Carl Jung)的心理类型理论和约翰·霍兰德(John Holland)的人格职业匹配理论。

根据心理能量的流向,荣格将人分为两种类型:外倾型和内倾型。外向型的人更加关注外部世界,性格充满活力、自信,勇于探索并且容易适应环境的变化;与外向型的人不同,内向型的人更关注自己的内心世界,经常对自己进行反思,不太善于言谈,可能很害羞,适应环境的变化可能相对较为困难。

卡尔·荣格将人类的四大心理过程——感觉、思考、情感和直觉,与上述的两种态度——内倾型和外倾型,经过结合得出人格的八种机能类型,分别是外倾思考型、内倾思考型、外倾情感型、内倾情感型、外倾感觉型、内倾感觉型、外倾直觉型和内倾直觉型。思想政治教育工作者可以通过深入分析每个学生的心理机能类型,更加综合地认识学生在观察和联系实际过程中所表现出的个体差异。

美国心理学家霍兰德也是著名的职业指导专家,他认为一个人的人格类型(包括价值观、兴趣、动机、需要等)与其从事的职业密切相关,不同的人格特征适应于不同的职业。通过几十年间 100 多次大规模的实验研究,他发现一共存在六种不同的人格类型或者说"性向",它们分别是实际型(realistic)、研究型(investigative)、艺术型(artistic)、社会型(social)、企业型(enterprising)及常规型(conventional)。霍兰德进一步指出,大多数人并非只有一种性向,而可能同时包含数种不同的性向;性向与性向之间也非完全独立,而是分为兼容、中性、相斥三种情况。[1]

---

[1] 周文,龚先,方浩帆. 素质测试与职业生涯规划 [M]. 长沙:湖南科技技术出版社,2005.

（二）自组织理论

1. 自组织的认知

人类社会中存在的组织是一种普遍的现象。组织结构在人类文明的历史中扮演着重要的角色，人类一直将组织视为存在的重要方式。作为针对人类的教育活动，组织是进行思想政治教育必不可少的方式、形态和方法，它可以帮助人们改善思维、认知和行动。在语义层面上，"组织"可以作为名词使用，也可以作为动词使用。作为名词，它描述的是一个团体，这个团体按照特定的规则和秩序建立。作为动词，它的含义是安排和组织思想政治教育活动，包括讲课、实验以及与其他教育相关的活动，以达到教育目的。自组织中出现的"组织"一词通常被用作动词，其表示一种行为。组织思想政治教育活动可以让教育者和被教育者通过合作确定教育目标，开展一系列相关的活动，建立联系与协调系统。同时利用网络传递信息，营造稳定的政治环境，规范活动和行为，促进正确的思想政治认识的形成，进而为社会发展作出贡献。

根据自组织理论，组织可以划分为两种类型：自我组织和被动组织，具体取决于系统要素的组织方式。德国哲学家伊曼努尔·康德（Immanuel Kant）是最先提出自组织思想的学者之一。19世纪中后期，大多数学者都研究总结出不同的自组织理论，其中包括查尔斯·罗伯特·达尔文（Charles Robert Darwin）提出的进化论，马克思的社会形态演变学说，肯尼斯·威尔逊（Kenneth G.Wilson）提出的相变理论，等等。

2. 自组织的主要特征

（1）自发性特征

自组织的重要特征在于它的形成是自然而然的过程，无需经过政府批准或社会认可，具有自发性。它的形成主要靠群体成员之间的互动和相互认可，建立在共同的观念、爱好、习惯或需求等相似性或一致性的基础上。共同的兴趣和爱好让一些人自发地聚集在一起，同时也自觉地排斥另一些人，这种特殊性形成了成员特定化的显著特征。

（2）自主化特征

自组织的管理模式，以组织结构扁平化和成员自主决策管理为特征。自组织缺乏规范制定，纪律约束不具有强制性。成员的自由、平等、自治的愿望得到了充分尊重，条件和地域不再是参加活动和管理的制约因素。同时，成员可以随时加入或退出。自组织成员易于变动，尤其是在利益一致的自组织中，如果共同的利益不再存在，该群体就会自行解散。

（3）网络化特征

作为基础的连接手段，网络具有自组织的本质特征。网络自组织的运行有两个主要作用：第一是为人们提供交流和讨论的场所，第二是为人们提供其需要的各种功能性服务。利用网络渠道，可以便捷地进行会员招募、管理和退出，以及活动计划、讨论、发布和反馈等各方面的工作。网络的低成本、开放性和自由性使得它成为自组织不可或缺的工具，社交讨论群或者视频平台等，是其中最主要且广泛使用的联系方式。

自组织可以促进非正式的、基于兴趣或共同目标的交流与合作。网络的出现使许多自组织得以形成，并且也让许多组织在某种程度上脱离了地域界限的束缚，成为"虚拟共同体"。但是，自组织成员经常在虚拟空间内进行交流和联系，很少有机会在现实中面对面互动，这会影响成员之间的相互了解。

三、"六位一体"思政教育机制建构

高校"六位一体"思想政治教育系统作为一个集复杂性、开放性为一体的系统，系统中的各个要素朝既定的目标有序地进行，即按规律性运作，使各个要素之间的独特功能发挥达到最佳状态，形成合力，整体功能远远超过各个要素功能之和，实现系统的最优化；系统中的诸要素运行方向的不同，甚至是相向而行，与客观规律相违背，要素之间互相抵触，使得各个要素内部所具有的功能没有得到充分的发挥，促使系统整体产生严重内耗，从而导致系统整体功能的输出少或完全无法输出。

（一）优化系统内各要素的内部机制

所谓"教育机制"指教育活动的构成要素及其相互作用，是教育的动态结构。而思想政治教育学引入机制这一概念，从而产生"思想政治教育机制"的概念。虽然当前的一些著述中都在使用这一概念，但权威性的工具性书籍里很少对这一概念作定义。当前学术界对这一概念的认同基本上是一致的，但有两种不同的表述：（1）思想政治教育机制是指思想政治教育过程中，因诸要素之间相互联系、相互作用而形成的因果联系和运行方式；（2）思想政治教育机制是指思想政治教育的各组成要素之间既对立又统一的过程中，内部诸要素的渐向教育目标的实效性联系。

综上所述，思想政治教育机制是指思想政治教育过程中由于诸要素的相互制约和相互联系而形成的教育机理和运行方式。而高校"六位一体"思想政治教育机制是指"六位一体"思想政治教育系统中的各个组成部分、各个层面以及各种构成要素为实现教育目标，系统内部各个构成要素相互联系、相互作用、相互协调、相互促进的联结关系和运行方式。其含义主要包括：（1）它是高校思想政治教育过程中"六维"要素的总和；（2）它的功能是"六维"要素功能的整合；其功能的实现依赖于"六维"要素之间的有机衔接、协调配合，依赖于"六维"要素功能的充分发挥；（3）它是按一定组合方式、规律运行发展的过程，它反映着高校思想政治教育过程中由"六维"要素组成的思想政治教育系统的协同功能及其运转规律，是实现高校思想政治教育目标的桥梁和中介。

要素是系统的最基本成分，当然也是系统存在的基础。系统性质由要素性质决定。系统优化的基础是构成系统内各要素的优化。高校"六位一体"思想政治教育系统由学生、课程、课堂、学校、家庭和社会等相对独立的要素构成的有机整体，系统内各要素的优化是建构高校"六位一体"思想政治教育机制的前提和基础。

1. "四会四自"学生自主教育机制的建立

如今，社会更加多样化和具有选择性。在这种环境下，大学生的素质要求也变得更加严苛。但长期在"以教为中心"的传统理念指导下，大学生受教育过程中"四强四弱"的现象相当严重：依赖性强而自主性弱；受暗示性强而自为性弱；受驱使性强而独立性弱；自卑性强而自强性弱。苏联教育家苏霍姆林斯基在《给教师的建议》中也说："只有能够激发学生进行自我教育的教育才是真正的教育。"[①]因此，现代高校思想政治教育必须以大学生为中心，构建有效的学生自主

---

① （苏）B.A.苏霍姆林斯基；于长霖译.给教师的建议[M].杭州：浙江人民出版社，2022.

教育机制的长效机制，培养学生的自主意识，增强学生的自我教育能力。

2. 课程管理、互补和协调衔接机制的建立

思想品德的内化过程是大学生思想品德形成发展的内在依据，是大学生主体性发挥的表现。但是，大学生思想品德的形成是客观实在在人的大脑中的反映，而不是大学生主观产生的，更不是大学生头脑里固有的。由此可见，大学生思想品德的形成与发展是不能离开外部环境的。从外部环境的影响来探讨大学生思想品德的形成与发展过程是十分重要和必要的。

（二）构建"三位一体"思想政治教育的联动机制

思想政治教育旨在帮助学生提升思想政治素养，实现思想政治教育的预期目标。为此，思想政治教育工作者需要在不断完善"六位一体"思想政治教育系统的同时，让各要素发挥其作用。思想政治教育属于系统工程，思想政治教育的开展不仅仅依赖于学校，同时也需要结合社会和家庭，构建"三位一体"的思想政治教w。通过协调社会、家庭与学校这三个方面之间的关系，并让它们相互渗透和补充，从而形成整体育人的综合效果，才能最大化地实现思想政治教育目标。

人类有目的地进行着思想政治教育活动。面向学生开展的思想政治教育，采取了一种全新、多元且开放的立体教育形式，高校学生的思想政治教育也是这样。高校学生思想政治教育首先是学校的责任，但又不仅仅是学校的责任，也是家庭的责任，还是整个社会的责任。大学生思想政治教育要想取得实效必须使学校、家庭和社会相关成员在思想认知上达成共识，建立起家庭、社会和学校三方面相互联系的教育立体化网络，是高校思想政治教育工作由平面走向立体和由封闭走向开放的必由之路。通过建立以社会教育为依托、以家庭教育为基础、充分发挥学校教育的主导作用的共同育人体系，才能形成高校学生思想政治教育的合力。

1. 学校与家庭协同运作的思想政治教育和谐互动机制

目前，高校学生思想政治教育努力探索学校教育与家庭教育互动的有效方式和方法，找到家庭教育与学校教育在理念、方法和谐统一的支撑点，以促进家庭与学校之间的和谐互动，使家庭教育和学校教育达成默契，形成协同合作，最终建立起家校和谐的思想政治教育机制。这种学校与家庭和谐互动的思想政治教育机制主要有：实效性强的交流方式、快速传递和回应信息的能力、合作进行教

和管理的协商机制以及定期进行双向反馈和交流等。通过高校思想政治教育同大学生家庭教育的和谐互动，引导大学生家长摒弃陈旧保守的教育方法，通过各种形式向大学生家长传授先进、科学的教育方法，用科学进步的教育方式、方法武装家长的大脑，并运用到对大学生的教育过程中去，家庭教育才能很好地与高校教育相配合，高校对大学生的思想政治教育才能更好地进行引导，从而有利于大学生克服学习和生活上的困难，有助于大学生思想道德修养方面的提高，促进大学生向着健康的方向发展，解决高校思想政治教育与大学生家庭教育各自为政的难题。

2. 社会与家庭协同运作的思想政治教育和谐互动机制

社会的影响对学生的成长和发展具有至关重要的作用，这在现实生活中是不可忽视的。学生的思想政治教育与社会密不可分，它不可能独立存在于社会之外。学生的思想政治道德在一定社会条件下逐渐形成和发展，并在社会活动和交往中展现出来。因此，思想政治教育工作者需要积极应对社会发展可能带来的好处和坏处。同时，家庭和社会也需要加强协作，打造以家庭教育为主的教育机制，并在社会各方面进行配合，以提升思想政治教育的效果。社会与家庭协同运作的思想政治教育和谐互动机制包括行为示范引导机制、信息交流传播机制、家庭美德与社会公德融合机制等。该机制的建立，利于改进社会和家庭状况，推动教育合力发展。

3. 学校与社会协同运作的思想政治教育和谐互动机制

校园是社会的缩影，就像一个小社会，因此，学校教育和社会教育是相互联系、相互制约的。

一方面，高校要适应社会的发展变化，在大学课堂内对大学生进行思想政治理论课教学的同时通过大学生社会实践主题活动，指导大学生更深刻地认识社会，积极融入其中，加强对理论知识的领悟和实践应用，通过积极行动消除社会上的不良影响，体验社会的美好之处，接受积极的社会影响。通过公共伦理规范和社会评价，对大学生言行进行限制和规范，帮助他们树立正确的人生观、世界观和价值观，成为适应时代发展需要的人才。

另一方面，社会积极践行自身所承担的社会责任，积极配合高校进行思想政治教育工作，其中主要有三个方面工作：一是社会要为学校思想政治教育提供物质、经费和信息等方面的支持；二是为学校提供道德教育资源和基地，共同培养学生的思想道德素质，提升思想政治教育的实效性；三是致力于社会氛围的优化净化工作。

（三）创建"六位一体"思想政治教育评价机制

当前，国家高度重视我国大学生思想政治教育工作，教育行政主管部门积极行动，高等院校全力以赴，大学生思想政治教育工作者兢兢业业。然而，也存在着教育主体单一、社会参与度不高、工作机制不健全、评价机制不科学和持续性不强等问题，不利于培养优秀的中国社会主义事业的合格建设者和可靠接班人。而要解决这些问题，就要加大评价引领作用，开展大学生思想政治教育的评价工作，找准大学生思想政治教育中存在的问题并进行原因分析，在此基础上提出改进措施，推进高校学生思想政治教育可持续发展。

现代社会是一个更加讲究对具体工作（包括高校学生思想政治教育管理工作）进行客观评价的社会，通过评价可以对工作过程中的得与失、结果的好与坏等得出结论，也可以通过评价总结工作的经验与教训，发现工作的亮点与特色、问题与原因等。因此，从高校学生思想政治教育管理工作本身出发，应当建立科学与适用的评价机制，制定高校学生思想政治教育工作评价标准或体系，科学指导高校学生思想政治教育工作的开展。

1. "六位一体"思想政治教育评价的概念

评价旨在反映目的活动的成果和质量，并为其提供相应建议和保障。评价常指综合分析某事或某人的各个方面信息，并据此作出结论。思想政治教育评价是根据社会对思想政治教育的要求，运用统计分析，对教育过程、环节和效果进行客观分析和评判。高校"六位一体"思想政治教育评价，是指运用一定的技术和手段对高校"六位一体"思想政治教育系统的运行状况及其功效进行评估和判断的活动。

2. 高校"六位一体"思想政治教育评价的功能

为了提升学生的思想政治素养，高校可以采用"六位一体"思想政治教育评价，全面深入地了解思想政治教育活动开展情况，进而准确地评估活动的效果。

高校学生思想政治教育评价的功能，应当在以下方面得到体现：一是诊断与鉴定功能；二是引导与调整功能；三是激发与鼓励功能。

3. "六位一体"思想政治教育评价的基本原则

高校"六位一体"思想政治教育本身就是一项十分复杂系统工程，开展高校"六位一体"思想政治教育评价只是这个系统中的子系统，但高校"六位一体"思想政治教育的导向性、动态性和系统性，决定了开展高校学生思想政治教育评价时，要确保评价的科学性、准确性和实效性，遵循以下基本原则。

（1）政策导向的原则

任何评价工作都具有导向性，高校学生思想政治教育评价当然也不例外。对某项工作的评价标准事实上就是此项工作的指挥棒，工作的方方面面都必须紧紧围绕评价标准来开展。评价标准不是随随便便的，它是对某项政策的具体落实与实施。坚持政策导向原则，就是保证思想政治教育评价活动的性质和方向，就是坚持为培养中国特色社会主义事业合格建设者和可靠接班人服务，就是坚持为中华民族伟大复兴培养人才服务。

（2）公平公正的原则

人们对公平公正的诉求是绝对不可忽视的，在很多情况下，往往可能会因为一点点不公平公正，产生无法预料的矛盾。公平公正原则是指在进行思想政治教育评价时，必须坚持公平公正和实事求是的态度，不因掺杂个人感情而主观臆断，否则就不能如实反映评价对象进行思想政治教育活动的真实状况。公平公正原则是由党的思想路线和思想政治教育评价本身决定的。坚持公平公正原则，就是要把公平公正贯穿思想政治教育评价的全过程。比如在设计和构建评估指标体系时，只能按照客观存在的思想政治教育规律来进行。在评价过程中，应广泛听取意见，反复对照材料，力求公正客观地面对问题和处置问题。只要坚持公平公正原则，人们就会增强信心，更加积极努力、开拓创新。

（3）全面可视的原则

在高校学生思想政治教育评价中，只评价其中某一个方面或只听取汇报、只准备好材料，是远远不够的，必须坚持全面可视的原则，即必须从整体出发，在对思想政治教育系统的各个方面考虑周详的基础上，对思想政治教育的效果做出全面准确的判断，要坚持用思想政治教育过程的原始的可视的印证性材料进行判断。贯彻全面可视原则，必须落实评价标准的全面性，即评价标准必须反映思想政治教育系统构成中的每一个具体要素，不能过于突显系统中某一个别指标，但也不能遗漏与评价相关的一些重要因素，同时提供材料强化过程性和可视性；收集信息的全面性也不能忽视，要求必须多看多听，同时信息也要有事实印证。

（4）便利便捷的原则

在现代科学技术，特别是移动互联网高度发达的今天，各个方面都实现了便利便捷，高校学生思想政治教育评价也必须顺应时代和社会的发展，采用便利便捷的方式来开展，否则就会出现劳民伤财和不受欢迎的局面，鉴于此，应当坚持便利便捷原则，即把评估工作分为两个阶段：第一阶段为网络评价阶段，就是把常态化开展学生思想政治教育工作的情况，通过日常的网络上报、网络展示、网络宣传、网络评价等信息，进行评估；第二阶段为现场考察阶段，主要是对网络上的所有信息进行现场考察验证，评价其符合度。坚持这样的评估原则，既可以节省人力物力和财力，也可以最大程度降低对评价对象正常工作的影响。

4."六位一体"思想政治教育评价的方法

高校"六位一体"思想政治教育评价的方法有：实地考察评价法、抽样调查评价法、追踪调查评价法和模拟情景评估法。

（1）实地考察评价法。通过对高校学生思想政治教育活动开展情况观察和体验，仔细了解高校教师和学生的学习生活和思想工作情况，获得对评价对象较为直观的感性认识，从而对高校学生思想政治教育工作情况做出初步的分析和判断。

（2）抽样调查评价法。在实地考察之后，从总体中抽取一部分样本用于分析和了解，通过推论总体状况来进行调查，即为样调查评价法。在抽样调查中，研究人员通常使用随机抽样技术选取研究对象，并运用各种技术手段，如访谈、问卷和量表测试等，来收集样本数据。通过抽样调查评价法，可以不断改进和改善高校学生思想政治教育工作质量。

（3）追踪调查评价法。即跟踪、调查和评估。追踪调查需要对被调查对象的历史、现状和未来发展进行全方位考察，以获得更全面客观的信息。通过跟踪调查，思想政治教育工作者可以更深入地了解思想政治教育的历史经验和教训，并动态评估其效益。

（4）模拟情景评估法。通过模拟不同情景来进行评估，可以了解一个人面对各种情况时的反应和决策能力，从而对其思考方向和能力水平进行评估。首先将被评估者的思维和能力素质拆解为多个判断指标和评价标准，然后将被评估者纳入模拟场景和工作状态中，通过观察其处理假设情况时的表现，并对其思维和能力素质进行定量分析、测定和评估，以此明确被评估者的素质等级。

5. 构建"六位一体"思想政治教育评价体系

首先，确立两级评估主体。各级党委、教育行政主管部门作为高校思想政治教育工作考核的主要承担者，应将考核作为一项经常性的重要工作纳入高校思想政治教育管理体系之中，用现代教育管理理念与方法，在社会中介评估机构的协助下，对担负学生培养任务的学校进行检查、考核。

其次，从整体上构建全方位、全过程、多角度的评价指标系统。主要包括要素评价、机制评价、功效评价这三个评价指标系统。各评价指标系统相互依存、协调互动，体现了反映思想政治教育评价体系的性质、基本特点及运行状态，有利于对评价对象总体情况进行全面系统的评价总结。

四、互联网背景下思政教育情理互动机制

互联网拥有丰富多样的信息资源，但现在，学生在获取这些信息时缺乏有效的鉴别能力，很容易被虚假和低质量的信息所影响。因此，在互联网时代进行思想政治教育是一项十分关键的挑战。通过情理互动机制，能够更好地强调主体意识的重要性，使思想政治教育者和学生之间平等相待，并营造出充满民主自由氛围的教育环境。

（一）思想政治教育的情理互动机制

情理互动，属于常见的互动形式，常发生在各种互动活动中。它可以直接影响人的情感、认知、态度和思想观念，并使其发生不同程度的变化。思想政治教育注重情感与逻辑的相互作用机制，关注教育过程、环节、模式、结构等方面。思想政治教育情理互动的关键在于重视个体的行为和意义，采用多种形式的信息传播，以促进个体实现全面改变的过程。

研究学生在互联网环境下如何进行思想政治教育的情理互动，包括研究情理互动所需的要素、模式、进程以及相关环境等方面。在思想政治教育发展的过程中，受多种因素影响，其会呈现独特的演变规律和发展特征。情感和理性之间的交互作用在思想政治教育过程中应得到充分的体现，并融入思想政治教育过程。

（二）互联网环境对思想政治教育的情理互动机制的影响

思想政治教育可以在互联网环境下实现情理互动，并获得良好的推广平台。在网络世界中，学生能够获得海量的资源，网络已经逐渐成为学生日常生活中不可或缺的组成部分。因此，教师应为学生提供一个包容多种沟通和交流方式的平台，以满足他们不同的需求，并帮助他们发挥自己的潜力。在互联网环境下，情理互动机制的发展改变了学生和教师的角色和地位，这进一步促进了思想政治教育者的审美素养和思想道德水平的不断提高。运用互联网平台开展思想政治教育，丰富了教育内容和教育形式，有利于充分吸引学生注意力，并获得学生心灵深处认同感。[1]

依托多样化的互联网资源，可以激发学生的学习兴趣。现在，很多高校和教育机构都设有官方网站和网络论坛。这些平台为学生提供了表达情感和意愿的机会，这有助于增强学生的自我决策和自我管理能力，同时也丰富了教育形式。由于学生对于互联网平台非常感兴趣，在这种环境下进行互动交流能够更好地提高思想政治教育的实效性。

（三）互联网环境下学生思想政治教育的情理互动机制

1. 创立互联网思想政治教育机制

目前，许多学校都拥有许多教育资源并配置了完善的互联网信息设备，在这样的背景下，网络已成为开展思想政治教育的有力工具。为确保互动机制的应用有效且具有针对性，学校应综合考虑其自身实际情况和教育资源，制定相应的

---

[1] 康瀚文. 互联网环境下学生思政教育的情理互动机制研究 [J]. 教育现代化，2019, 6 (73): 205-206.

互动机制。正因如此，学校可以在这些平台上开展思想政治教育，由此取得预期效果。

经过系统化的整理和深入了解互联网环境后，我们发现，尽管思想政治教育在互联网上运用了创新的教育形式，但其教育目标仍然始终如一。基于此，学习应通过整合教育资源、利用网络优点以及创建互联网思想政治教育机制等，进一步提升教育的实际效益，达到更好的教育结果，并且更加贴近学生的实际需求，实现教育和互动的双向推进。

2. 运用网络平台开展情理互动

现如今，许多学生以微信、QQ、微博等不断更新的网络平台为主要交流工具。因此，要想有效地利用情理互动机制，学校就应该依托网络平台开展思想政治教育，这样才能真正实现互动效果的提升。目前，学生所面对的学业压力巨大，而互联网平台成为他们主要的情感宣泄和观点表达的地方。这些平台为学生提供了一种表达个人情感的途径。

因此，学校可以在网络平台上建立与思想政治教育相关的网站、公众号和官方微博等，并提供用户留言、评论等功能，以促进与学生的情感交流和互动。为学生提供一个表达个人见解和提出建议的机会，会潜移默化地影响学生的思想，这是情理互动机制不断适应网络平台所产生的积极影响。基于网络平台实施的思想政治教育情理互动机制，可以持续追踪网络平台动向并随时作出相应调整，如可以选择发布经过精心剪辑的视频，并根据其中的内容展开深入探讨和交流等。

3. 借助网络热点话题作为素材

思想政治教育的素材选取十分重要。而涉及国防军事、政治民生等的热点话题，仅是选取思想政治教育素材应重点考虑的部分内容。一些与学生实际生活密切相关的内容，如考研考公话题、就业话题或是其他学生感兴趣的话题，同样是选取思想政治教育素材应重点考虑的部分。但是，思想政治教育工作者需要严格审核素材的性质，并确保素材内容完整、合理，以起到对学生有效教育的作用。

在官方微博、官方公众号发布网络热点话题，可以有效激发学生的参与热情，让学生积极参与讨论并表达自己的观点。这种交流和讨论的方式可以促进师生之间的良好互动，并创造良好的互动氛围。在这样的情形下，学生拥有表达言论的自由权利，而教师则可以对整体讨论方向进行控制，以达到更为深入的思想政治教育效果。

4. 优化思政情理互动机制载体

在互联网快速发展的背景下，各种思想观念"纷至沓来"。思想政治教育工作者已经开始意识到，不能坚持一成不变的封闭模式，也不能死板地传授理论知识，而是应该采用更加开放、更具灵活性的教育方式，以提升思想政治教育的效果和质量。除了在互联网平台上进行外，思想政治教育的情理互动机制还可以通过多种媒介和方式来传播和互动。目前，很多学校已经开通各种类型的网络栏目（如"校长信箱回音壁"等），这为思想政治教育提供了一个新的交流渠道。此外，可以参考已有的成功的网络栏目案例，建立新的栏目平台，如网络评选活动、网络校园文化节、网络热点事件收集箱等。这些栏目可以很好地将思想政治教育融入其中，发挥网络媒体在思想政治教育中的作用，使师生在参与过程中形成良好的互动，进而对学生形成良好的教育效果。①

5. 引导学生积极参与互动

提高学生在网络方面的素养，需要培养他们正确判断和筛选网络信息的能力，也就是增强他们对于网络信息的价值判断能力，同时还要教会他们在网络交流中形成良好的表达方式和行为规范。为了让情理互动机制在思想政治教育中发挥作用，学校需要确保师生都参与其中。因此，在设计情理互动内容时，思想政治教育工作者应当考虑选题和形式，以提高内容的吸引力。要激发学生参与思想政治教育的兴趣，需要从情感和逻辑两个角度出发，通过挖掘网络热点话题、深入了解学生的兴趣点等方式，激发学生的参与热情。只有这样，学生才能深入理解思想政治教育的内容，更好地与之互动，从而推动思想政治教育效果的不断提升。

---

① 康瀚文. 互联网环境下学生思政教育的情理互动机制研究 [J]. 教育现代化，2019，6（73）：205-206.

第三节 互联网背景下思政教育的维度体系

一、思政教育理念维度

（一）"以学生为本"的思政教育理念

思想政治教育是教育人、说服人、塑造人的工作。关注人的自身发展、解读人的存在意义、建构人的精神家园，进而促进人的全面自由的发展是思想政治教育的重要任务，为此，思想政治教育的价值和归宿就是以人为本。[①]

在互联网时代，高校思想政治教育受到诸多因素的影响，思想政治教育工作者的权威受到影响，受教育者的主体意识增强，因此，高校思想政治教育应该转变思想，树立"以学生为本"的教育理念。通过网络及时了解学生的思想动态、生活难题、情感状况、就业需求等现实问题，给予同学必要的帮助，体现出思想政治教育一切为了学生的理念。

另外，在互联网教育中，要充分尊重大学生的主体地位，关注学生的个体需要，尊重学生的差异，有针对性地开展思想政治教育。使学生不再感到自己是被管理者，产生逆反和抵抗心理，而是感到自己是课程真正的参与者，享有话语权和参与权，享受学习的过程，化被动为主动，自觉接受思想政治教育，提高自我教育质量。

（二）平等交互的思政教育理念

互联网技术的逐步推进，使得思想政治教育工作者的权威地位有所弱化，传统思想政治教育"老师讲、学生听"的单向式灌输方式已经不能适应时代的需求，同时教育者与受教育者地位的不平等也受到了相应的质疑与挑战。

互联网为大学生获得信息提供了极大的便利，大学生自发自觉地在网络上寻求自己感兴趣的文化知识，随时浏览各类国际国内重大新闻，密切关注身边的热点事件和突发事件，跟踪各种舆论走向，探求各种奇闻轶事……对各类信息进行

[①] 王虹，刘智.新媒体时代高校思想政治教育创新研究[M].北京：中国社会科学出版社，2012.

选择、归纳、分析、学习，对世界的认识更宽广、更深入。而思想政治教育者却存在网络技术水平差、缺乏接受新鲜事物的敏锐性、固守成规等不足之处，获取信息的数量有可能不及大学生来得广泛，获取信息的速度不及大学生来得及时，这样就使得教育者处于获取信息和使用信息劣势，思想政治教育者对受教育者之间的信息优势被打破了，教育者的权威性被大打折扣。

另外，在互联网背景下，大学生的民主意识和主体意识增强，他们渴望知识，也渴望平等。在传统思想政治教育过程中，出现了思想活跃又充满个性的学生对思想政治教育产生厌烦和抵触心理的情况，未能达成思想政治教育的预期效果和目标。这些都对思想政治教育工作者提出了新要求：树立平等互动的教育理念，尊重学生的个性，真正做到与学生平等交流，增进师生感情，在潜移默化中引导学生，促进思想政治教育更好地开展。

（三）"时、效、度"合一的思政教育理念

宣传思想工作要把握好"时、度、效"要求。"时"就是要求思想政治教育要把握"最佳时机"，根据大学生的实际情况，可以引导大学生舆论方向，后续再深入报道，这些都要求掌握精确的时间。"效"追求的是"最大效益"，通过报道时间、方式的配合，产生更大的正能量，按照既定目标来引导舆论。"度"就是报道要追求"最佳分寸"，根据事态发展的情况来评估结果，可以对大学生思想教育进行选择性报道，可以选择全面报道，也可以选择局部报道；可以选择淡化报道，也可以选择强化报道等。"时、效、度"是对思想政治教育者所要求的，掌握好三者的辩证统一，把握好时机和分寸，才能达到最大效益。

（四）互联网背景下的思政教育理念

互联网的普及使我们认识到了各个国家不同的观点和行为方式，给我们的思想观念带来了较大的影响，互联网的发展对思想政治教育有着极其重要的影响和意义。互联网时代，对于大学生思想政治教育要加强对互联网技术的认识，积极地对教育观念进行更新，使互联网融入教育过程中，改变传统意义上的教育模式，使大学生思想政治教育朝着良性方向发展，形成一种全新的教育模式。

二、思政教育目标维度

依据社会主义建设发展的需求开展思想政治教育，通过思想政治教育活动将大学生培养成社会所需要的高级专门人才。把立德树人作为教育的根本任务，培养德智体美全面发展的社会主义建设者和接班人。接班人象征着一个时代对整体劳动力的一致统一的基本要求。要求大学生作为祖国的未来，在社会主义建设中和革命旅程中做有勇有谋、见识卓远的优秀接班人和开拓者。

（一）培养德智体美全面发展的人才

强化高校思想政治的价值引导，不仅可以提升大学生的马克思主义理论修养，还可以让学生更加坚定自己的理想信仰，从而培养出一批德、智、体、美、劳全面发展的社会主义人才。[①]

院校思想政治教育的外在内涵主要以德智体美全面发展呈现。通过全方位、无缝隙的教育体系，培育德智体美全面发展，从而提高高等学校思想政治教育能力。

1. 德

德是指品德，品德是大学生思想政治教育的核心构成部分，不仅是对大学生，也是对每个个体成为"人类"基本的要求。只不过相对大学生而言，接受的教育资源更丰富，那么关于品德的要求也就会更高。主要表现在以下方面。

（1）在思想政治方面，培养大学生的民族意识、爱国精神、民族自尊心和自信心。将国家的兴衰与民族的荣誉作为己任，培养大学生"天下兴亡，匹夫有责"的爱国精神。严格要求自己，时刻谨记为人民服务的思想；培养大学生热爱中国共产党，坚决维护党的领导、走党的基本路线，把社会的建设、国家的发展作为己任，为实现"中国梦"而不懈努力。并且树立正确的人生观、思想观和价值观，了解国家的基本国情，正确认识国家的历史发展、认识人类的历史发展。做到知法、懂法、守法，正确行使法律所赋予的权利，自觉履行法律规定的义务，做遵纪守法的公民。

（2）在道德品质和文明习惯方面，培养大学生的社交能力和团队协作精神，

---

① 付晓琳，张杰. 新时代背景下高校党建与思政教育融合发展研究——评《高校党建与思想政治教育研究》[J]. 领导科学，2022（1）：156.

使大学生认识到个人与社会、国家、民族之间的关系,以社会主义建设为己任,提高自身的素质与能力。培养大学生的良好道德品质和文明习惯,增强大学生吃苦耐劳的精神和责任感,以舍己为人、诚实守信、助人为乐、尊老爱幼、拾金不昧、谦虚明理的道德品质来要求自己、监督他人。自觉遵守学校的规章制度,维护校园的安全和秩序。

(3)个性品质和能力方面。在个性品质方面,要提高大学生的品德素质、创新创业意识及精神,培养大学生坚强的意志力和面对困难挫折时坚忍不拔的心理调节能力。在能力方面,培养大学生的自我教育能力与对是非的分辨能力,加强大学生的专业技能。提高大学生的创新能力,以适应社会的发展与进步。各个高校应培养大学生的团队协作能力与意识,以便能够更好地适应社会。对于大学生自己,应培养自身良好积极的情感和健康的兴趣爱好,提升自身素质。

2. 智

智是指才智、智力,才智和智力是大学生全面发展的基本组成部分,是教育者向大学生传授文化科学知识和技能的实际本领,也是大学生接受并理解教育者所传授的实际本领。教育者在引导大学生有目的、有计划、有组织地学习知识技能时所运用的方法就是智的体现。智力是大学生具备专业技能、素质教育的基础。智力具体体现在以下方面。

(1)智力往往是学生们掌握知识框架的实际本领,使大学生不仅有精深的专门知识,还有宽广的知识体系,对将来事业顺利优化发展构建知识体系占有举足轻重的地位。通常将研究人文社会、自然科学及相关专业知识统称为知识体系。人文社会简单来讲就是人类文化和社会科学的两个体系的总分类,涵盖哲学、政治思想类的知识,对人类提升自我能力和价值具有深刻影响。

(2)在专业技能方面,专业技能方面不仅要培养大学生的动脑能力,还要培养大学生的动手能力,使大学生获得在日常智力和体力活动中常用的活动方式,具有从事本专业实际工作的基本技能和技巧,能够学以致用,举一反三,把理论知识与实践结合起来。还要培养大学生的创新能力和创新意识,激发大学生的创新潜能,这是在未来竞争中赢得胜利的关键。实践能力也是一种很重要的素质,动脑能力与动手能力相结合才能更好地理解专业知识。

(3)智力这一项能力的强化,会帮助各个方面的能力得以提升强化。比如,洞察力、想象力、自主学习判断能力等，这些能力都可以使学生具有独立思考的科学态度和创新精神，使学生具有更好地适应社会的能力。

3. 体

体是指身体，体育是指教育者通过专业地、有组织地、有目的地向学生传授锻炼身体的方法及技能，使学生实现全面发展。体育是增强身体素质、锻炼身体、磨练意志的身体练习手段，一切事物都建立在一个健康的身体之上，所以，大学生应重视体育教育。大学生的身体素质除具有先天遗传性的差异，后天的体育锻炼也非常的重要。拥有健康的体魄是大学生全面发展的基础和保障，是大学生为社会发展而努力贡献的基本条件，是实现"中国梦"的基础和保障。具体体现在以下方面。

（1）在身体素质方面，由教育者指导学生有目的、有计划、有组织地锻炼身体，增强学生的身体素质，使学生具有健康的身体，更加有效地学习。可以通过慢跑等体育项目，既锻炼学生的身体，同时也可以磨炼学生的意志，培养学生自觉养成锻炼身体的好习惯。

（2）在卫生习惯方面，培养大学生养成良好的卫生习惯，具有卫生保健知识，在保持自身卫生的同时还要维持学校卫生、集体卫生等，环境的卫生有利于学生身体的健康。

（3）在体育道德品质方面，培养大学生热爱体育和具有良好的体育道德，有团结友爱的精神，在集体体育活动中要互相帮助、互相促进，通过体育，培养大学生具有勇敢的精神、开朗的性格，可以更好地与人相处。

4. 美

美即审美观，审美是大学生全面发展中重要的组成部分，学生的审美观需要教育者通过各种艺术以及自然界和社会生活中的美好事物对其进行教育，通过培养审美观使大学生具有发现美、鉴赏美和创造美的能力，大学生具有正确的审美观更加有利于社会的发展及建设。具体体现在以下方面。

（1）在审美观方面，培养大学生的审美观可以抵制各种精神污染，能正确区分真善美，能够提高大学生发现美、欣赏美、创造美的能力，以辩证唯物主义的观点和理论武装大学生，使大学生逐步形成马克思主义的观点和审美标准，提高精神境界，使大学生陶冶情操，以美的角度看社会，从而促进社会的和谐发展。

（2）在审美的知识与能力方面，教育者通过各种艺术和社会中美好事物对大学生进行审美教育，使大学生掌握欣赏美的知识与能力，拥有识别真善美的能力，能以马克思主义的审美观分析和评价艺术作品和社会上的美好事物；培养大学生对于艺术的兴趣爱好，丰富大学生的精神生活，使美好的事物能更好地传承。

（3）在审美实践方面，审美实践是指大学生不仅要有感受美和欣赏美的能力与爱好，还应该具有创造现实美和艺术美的能力和兴趣。激发大学生的潜在能力，培养各种艺术形式的表演和创作能力。大学生具有良好的审美观不仅利于同学间的相处，更是为将来面向社会做充足的准备。只有自觉把美体现在生活、学习、劳动和其他行动中，才能提高自身的素质，形成健康的兴趣和爱好，才能更好与人相处，更好地提高创新能力，达到心灵美、语言美、行为美境界。

因此，大学生综合素质的提高离不开德智体美的全面发展，不能单一、片面、独立地发展其中一项，要全面性、系统性进行发展。在大学生的整体发展中，要保障大学生发展的正确方向，德是发展的思想基础；良好的智力是大学生学习文化知识和专业技能的基础，提高学生的素质教育和创新能力都离不开健全的智力；体是一切事物的根本，健康的体魄为全面发展提供物质基础，只有大学生健康成长，才利于社会的发展进步；美可以促进德、智、体的发展和提高，是大学生心理健康的重要基础，美渗透全面发展的各个方面，与德智体是互相促进的。因此，高等学校思想政治教育的目标要求便是通过实施德育、智育、体育、美育的教育，培养大学生成为德智体美全面发展的新一代人才。

（二）培养中国特色社会主义高标准人才

大学要实施思想政治教育，培养德智体美全面发展的人才，而大学生作为中国特色社会主义的建设者和接班人，应该自觉地从德智体美等方面全面发展，把社会的进步、国家的繁荣作为己任，严格要求自己，在学好专业知识的同时，培养自身的社会责任感、创新意识与能力，以高标准要求自己，具体体现在以下方面。

1. 勇于创新的人才

创新是一个国家进步的关键所在，没有创新意识、创新能力的国家，只能停滞不前，勇于创新是中国特色社会主义建设者的重要内在素质要求。人类的发展、社会的进步都离不开创新，一个国家只有勇于创新、善于创新，才能不断地进步，才能在当今世界中立足，才能使国家繁荣昌盛，使百姓过上富足的生活。然而，创新的关键是培养具有创新意识和创新能力的人才。人类社会已经迈入科技创新的时代，所以必须要在知识和技术上领先。新一代青年是最快接触且运用良好的互联网群体，他们一直处于教育的摇篮中，接受着技术知识，前途无量，是祖国未来前进的引领者。因此，就当前发展情形来看，大学生的自身能力关乎的已不再是"小我"而是关乎整个社会发展命运的"大我"。未来要以一种全新的视角去培育当代学生，转教师导向型为学生主导型和教师辅助型的教学模式。唯有如此才能开拓学生们的创新思维及能力，而这些正是当今社会所必需。

（1）在想象力方面，通过教学潜移默化地培养思维能力，祛除原有的旧思想旧思维，放空大脑和现在，用大脑去创造新的思想、思维。用所思所想向未来发展靠拢。想象是创造之母，具有丰富的想象力是提高创新能力的必备条件，想象力是人不拘于原有的形象，创造出的新形象的能力。大学应重点开发学生的想象能力，从而提高学生的创新能力，想象力贯穿于创新活动的全过程，是创新能力的最高表现。教育者应该了解学生的想法，尊重学生的个性，给大学生提供资源和环境，引导大学生将表象转化于内，将他们想象的热情完全释放出来。

（2）在创新思维方式方面，改变大学生的思维方式，打开其思维惯性，培养学生创新思维，提高其创新能力。创新能力需要有创新的思维，创新的思维要以开发想象力为主，在原有事物的基础上进行创新。

（3）在创新实践方面，学校应该多为学生创造机会，让学生在实践中大胆尝试创新，走出教室，改变过去的读书模式，灵活运用书本的知识，改变死读书，通过实践活动来培养他们的兴趣爱好和创新思维能力。创新实践活动可以有效地提高学生的创新能力。

（4）在个性品质方面，培养大学生的创新意识，鼓励大学生创新的勇气和兴趣，培养大学生创新精神，使大学生善于大胆设想，敢于打破陈规，提出新的见解；可以正确对待新鲜事物，培养学生有团队精神，当今时代是科技飞速发展的时代，只靠个人能力是很难取得成功的，所以，要培养大学生的团队意识和团队协作能力，克服在创新过程中遇到的困难，培养坚韧不拔的精神。

第四章　互联网背景下思政教育的转型、机制与体系

2. 具有强烈社会责任感的人才

之所以称呼中国的社会为特色社会主义，那是因为它是由一群有担当有建树的社会主义人所创立，在他们身上我们看到了牺牲、奉献、担当的品质。他们从来不会计较多与少，只有该与不该，敢与不敢，能与不能。他们的利益诉求是以全社会为出发点，而不是以个人的利益为出发点，而这个社会责任感是集国家、个人、社会情感为一身的。身为当代接班骨干们，迈入国家和社会的建设队伍，是他们一生不可推卸的责任和使命。因此，必须以国家和社会利益为上，勇于扛起肩上的重任，做新一代勇于担责的好榜样。而这仅仅是成为社会主义建设者的一小部分，具体内容从以下角度呈现。

（1）在个人、集体和国家利益方面，通过大学教育使大学生能正确认识和处理国家、集体、个人的关系，把个人发展与国家、社会的发展有机地统一起来有利于国家的前途和民族的命运，大学应该着重培养学生国家荣誉感，树立集体主义观念，了解社会的需要，有计划地将社会的需要和自己的兴趣爱好结合起来，提高学生的团队协作能力，依靠集体的力量，取得事业的成功，培养对国家和社会的奉献精神，把国家和民族的利益放在首位，努力学习、热爱集体、团结友爱，为社会主义建设作贡献。

（2）在社会责任的认知能力方面，社会责任是每个公民必须承担的基本责任，而大学生作为公民，同样需要承担应该承担的社会责任，大学应该做的是增强大学生的公民意识，使大学生明确自身的责任与义务，明确权利和义务的含义和内容；使大学生明确自己在享有公民权利的同时，必须履行的义务和承担的责任，大学要培养学生的爱国意识，使他们自主自觉地维护国家和民族的利益。普及法律知识，增强大学生的民主思想，使之能正确认识和理解民主与法治的关系，做到知法、守法、用法，懂得利用法律武器来维护自身及他人的合法权益。善于听取他人不同的意见和表达自己的想法，积极主动地参加集体活动，关心社会及国家大事，积极履行社会责任。

（3）在历史使命方面，大学通过相应的教育引导，使大学生明确作为社会主义合格建设者需要承担的社会责任，大学生作为社会主义合格的建设者，不但要承担普通社会成员对社会应尽的责任，还肩负着实现中华民族伟大复兴的重要历史使命与责任，大学生应该把国家的荣辱与自身的荣辱紧密地结合在一起，从

自身做起，提高自身的素质、增强自身的能力，做好为祖国建设奉献的准备，这也是时代赋予他们的崇高使命，直接影响到国家和民族的兴衰。

（三）培养社会主义的接班人

高等学校思想政治教育的目的有两个：一个是培育大学生成为社会主义的合格建设者；另一个是重点培养大学生中优秀的人员，对其严格要求，将其培养成为社会主义可靠接班人。

1. 坚定马克思主义立场、观点和方法

立场即为对待和解决问题时，自身所持的观点和对于所处环境的态度。在解决问题时，一个人如何处理好立场是非常关键的。例如作为新一代接班人，必须要具备公平、公正全面想问题的意识。稍有不慎，就会因为处理不妥而伤及无辜。就马克思主义而言，也是通过世界观和方法论这两条主线来表达自己的立场。应当用扬弃的心态去汲取前人思想，而不是一味地生搬硬套，盲目索取。在此基础上实现科学认识，在高深的理论下科学地阐述人类社会的发展规律，架构起社会主义核心价值的灵魂体系。

2. 建立崇高的理想信念

每个人都有理想，都会为了理想而努力。理想是崇高的信念，是建立在现实基础上对美好未来的向往与追求，是人的精神支柱。崇高的理想对人生和社会有着重要的作用，拥有崇高的理想可以帮助人们在人生的舞台上选择适合时代的角色，实现人生的价值。大学生是未来社会主义的建设者和接班人，是社会主义建设的主力军，是祖国的未来、民族的希望，寄托在他们身上的是伟大的历史使命和民族复兴的重要责任。所以，大学生更应该具有崇高的理想，大学教育者也应该引导学生树立崇高的理想并且鼓励学生为之努力奋斗，培养学生成为国之栋梁。

三、思政教育内容维度

（一）坚持中国特色社会主义意识形态教育

政治教育，就是给受教育者一定的影响，这种影响的发出者是某个社会或者

某个阶层，以政治的规范和思想为主线来协助受教育者建立正确的政治立场和态度，树立正确的政治观点和信念，指明正确的政治方向，简而言之，政治教育其实就是培育受教育者的政治信仰。在现阶段，政治教育要坚持以下各方面的教育内容，具有中国特色社会主义和爱国主义的教育，中国共产党的基本理论、基本纲领、基本路线教育，中国形势与政策的教育，还有现阶段需要特别重视的意识形态教育。

社会秩序是否良好对于我国的现代化进程来说，是至关重要的。良好的社会秩序有利于社会的稳定团结，因为人天生具有责任感、使命感和归属感，当处于良好的社会秩序中时，这些感受会加强，从而使他们认可所处社会的意识形态。意识形态在社会这座大建筑中，就是钢筋水泥，在社会的发展中起着支撑和凝固的作用。

在现阶段，我国经济的结构和社会的结构还不是特别的协调，如农村和城市、社会和经济等，这些有可能会引起社会的不稳定甚至矛盾冲突，那么社会主义是否能够像其所宣导的那样，实现社会的公平与公正，彻底解决效率的问题，人们都持观望的态度甚至质疑的态度，为了安定民心，维持社会的稳定和平，加强意识形态的教育，进一步加强马克思主义在其中的指导地位，是刻不容缓的。在社会主义核心价值观的指导下，对中国人民的价值观进行正确的引导，确保改革开放按照预期的方向和进度发展。

（二）树立正确社会主义核心价值观教育

思想政治教育也给受教育者带来一定的影响，要帮助他们树立正确的三观和正确思考问题的方法。主要内容有三观的教育、唯物论、无神论等教育。三观的教育是思想政治教育最核心的内容。三观即世界观、人生观和价值观，分别是人对于世界、人对于人生、人对于社会生活的整体的看法和评价，在人的精神世界中占据很重要的位置，也深深地影响着人对其他事物的看法和所持有的观点。

在现阶段，我国应该把教育的重点放在社会主义核心价值观教育上，有思想家就指出，如果一个国家没有一个统一的价值观来引导民众，那么人们就会根据自己的意愿随意地选择某种价值观或者放弃某种价值观，这样这个社会就会混乱不堪，对社会的存在危害极大；没有统一的道德标准，这将是道德毁灭性的灾害，如果一个社会存在多种道德标准，那么德育就只能是一种奢望了。当代著名的发展心理学家和教育家托马斯·里克纳在品格教育方面是领导者，他的作品中所表达的观点和核心价值，对人的尊严给予了极大的肯定，能够适当地引导社会朝着更加和善的方向发展，同时人类的权利也得到较大程度的保护。他的这些理念得到了全世界的认可，并作为优秀的文化资产代代相传。只有积极地从孩子的教育开始，就输入这些核心的价值，道德教育才有可能得到长远的发展。

从中华人民共和国成立到目前为止，我国的思想政治教育总体来说，还是比较成功的，纵观这一过程，核心价值要想取得良好的教育效果，不仅要具有理想性还要尽可能地贴近现实生活。社会主义核心价值观教育是我国目前思想政治教育的重中之重。

人生存于这个社会中，就必须与这个社会产生一定的关系，而其个人的价值就是在这种关系和交往中得到实现的。人类共同性是核心价值观的基础，核心价值观所反映的是一种道德的价值，关于社会实践和生产关系的道德价值，同时还可以辨别和总辖社会实践和社会关系。所以，从事思想政治教育的人员和机构都要将道德价值的核心传达给受教育者，以培养这些受教育者最基础的道德知识和能力为己任。

（三）发展中华优秀传统伦理道德教育

道德教育就是一个内化—外化的过程，具体来说，第一步就是把社会的一些要求通过教育的手段转化成人们的一种观念意识，如道德情感与观念、人的内心信仰。第二步就是将这些观念意识再实施到具体的行动中。对人们进行道德教育就是为了使人们拥有更加优秀的道德品质和更加崇高的情操。道德教育囊括很多的方面，如社会公德、职业道德、中国传统道德教育、家庭美德教育、社会主义人道主义教育、网络道德教育等。

我国体制下的道德教育，其主要作用是增强国民的历史主动性，使我国的社会作风和秩序更加规范。社会主义的道德教育以我国目前经济政治的需求作为出发点，以全体人民道德水平的提高为最终目的，把传统道德中不好的因素去除，并且注重和政治、经济、知识、审美、法律等各方面教育的协作，不过现在社会的责任感和选择道德的能力的培养是社会主义道德教育最重视的部分。

中华民族上下五千年，在这个过程中，我们拥有了许多经典的文化，儒家、道家、墨家、法家等，其中蕴含了丰富的思想政治和伦理道德方面的内容。因此，人们应该积极地汲取传统文化中的精华，摒弃不好的部分，并且通过它来让全世界认识中国，了解中国。不能只运用先辈们积淀下来的优秀文化，更应该将思想政治教育与当前的实际情况，如政治、经济、文化等各方面的情况结合起来，使思想政治的内容不断丰富、充实和完善，焕发新的生机。

（四）发扬全民社会主义法治精神教育

将纪律与社会主义的法治精神灌输到受教育者身上是法纪教育的目的，同时也是对其法律意识的一种培养，不仅遵纪守法，且在懂法、知法以及守法的基础上明白自身的合法权益应该怎样去维护。其以纪律、社会主义民主以及社会主义法治等三方面教育为主要内容。

从精神层面来说，社会主义的法治，是将人民当家做主、党的正确领导以及依法治国这三者完美统一在一起，同时其也是对以上三者所弘扬的精神的一种准确的表达方式，还是从整体上来呈现如何做到在党和国家的领导下所创建的具有法治化的社会主义理念，即依法为民、服务大局、公平公正、依法治国等精神。

（五）加强现代人心理素质的养成教育

心理教育就是与心理健康有关的教育，包括知识的传授、问答性教育和行为方面的练习，心理教育的目的就是使受教育者拥有强大的心理素质，使他们得到各方面的均衡发展。心理教育涵盖的内容也比较广泛，如心理健康、意志、品德、个性、青春期等各方面的教育。现在思想政治教育包含的内容非常多，包括一系列的社会活动，如人的认知、品德、理想、信仰、观念等。心理教育能够改变人的观念及行为，所以把心理教育纳入思想政治教育的范畴之内，以其作为思想政治教育的出发点，来培养一代新人，使他们能够承担起建设社会主义现代化的艰巨任务是非常有必要的。

自我国改革开放以来，政治、经济都得到了非常深入的发展，在极力发展社会主义现代化的同时，也不能忽略人的现代化因素，应当将二者结合起来，使其相互作用、相互促进。一方面要通过对社会体系的完善来使人的思想和心理的构造更加合理，对社会体系完善的措施有对社会的现行的体制进行革新、将国外先进的技术引进到国内、对管理的机制和结构进行优化等；另一方面，将人的思想观念根据社会主义思想政治的要求重组或者改善之后，对于缓解社会矛盾是非常有利的。

积极乐观、奋勇顽强、勇于创新、锐意进取，这些精神都是我国进行社会主义现代化建设过程中对全体国民提出的要求，而心理素质现代化是除国民的心理素质要和现代化的进度相符合之外，还要有根据社会的情况随时调节和控制自己的能力，使自己的心态长期处于积极平和的状态。具体来说，分为以下四点：（1）在面对困难和困境时，不抗拒，不退缩，敢于面对，从容面对，不急不躁，迎难而上；（2）不论是成功还是失败，是得到还是失去，都要保持一种平和坦然的心态，训练自己消化这种因成功和失败所带来的心理落差的能力，使自己所做出的每一个行为都是有利于他人，有利于社会，同时也是有利于自己的；（3）要形成自己能够控制自己的习惯，在纷繁复杂的环境中，要有自尊、自立、自爱、自强的态度；（4）对于一些不可预料的突发事件，要有快速反应、冷静处理的能力。

四、思政教育方法维度

在我国高校教育中，为了能够很好地实现教学目标以及指导和贯彻受教育者的思想道德教育，通常会采用一些活动方法或者教育形式来进行思想政治教育。随着社会的发展与进步，高校中的思想政治教育方式也在向创新型以及现代化转变。

（一）马克思总结出思政教育的四种方式

在社会活动中，人们对于社会和世界的认知与理解需要通过思想政治教育来进行引导和说明，对于思想政治教育方法框架而言，马克思总结出了四种方式，即思维、艺术、信念引导以及实践引导。

1. 思维方式

人类思维决定了我们对于世界以及社会常态化的理解力，同时，不断发展和提升的思维能力有助于人们更好地提升自身对于社会的认知能力，简而言之，思想政治教育的核心内容即是从人类思维方面进行传播教育和引导，同时，思想政治教育的顺利进行也依赖思维方式的转变。

思想政治教育的目的是实现人们思想意识的转变，这种转变通常是通过在以往的认知基础上进行不断尝试和探索总结出来的新认知，这是转变的过程，同时也是转变的结果，通过尝试和探索，新的思维方式和认知会发生新的改变和升级。

思想政治教育中的思维方式要求具有科学性和创新性，首先，科学性决定了思维方式更加具有可操作性以及现代性，对于提高人们的实践能力以及认知能力能够起到促进作用；其次，创新性要求思想政治教育思维方式要区别于传统的思维方式，在传统的思维方式中，老师和学生被明确地分为主体和客体，老师在教学中成为教育的主体，而本应当成为教育主体的学生却成了教育客体，这违背了现代教育的本质，同时也不利于教育事业的发展，对于学生而言，在基础教育中没有一个平台能够满足自身创造性的需求，阻碍了学生的学习积极性，同时也违背了思想政治教育以人为本的教育宗旨。

马克思的理论指明了思想政治教育的发展方向，同时马克思的教育平衡理论符合思想政治教育以人为本的教育宗旨，是创新性思想政治教育所要追求的发展目标。所以坚持以人为本、教育平等的思维方式有利于提高思想政治教育的教学质量，有利于保证思想政治教育的教学成果。

传统的教育思维方式已经不能满足当今教育事业的发展，传统的教学内容以及教学方式也不能满足现代化教学的需要。在思想政治教育改革中我们要摒弃迂腐的旧有知识，改变与现代教育宗旨相违背的教育思维方式。现代化的思想政治教育改革需要人们具备现代化以及创新型的思维方式，同时在教育的过程中还需要依靠现代化的教学方法以及教学手段。倘若在现代化思想政治教育中人们没有现代化的思维意识，那么现代化的教育将会进展缓慢，甚至于无路可走。所以我们要积极改变我们的思维方式，用现代化的思维方式来面对当今的思想政治教育。同时我们还应谨记，现代化的思维方式需要循序渐进、不断拓展，需要教育者和受教育者一起不停探索和尝试。只有这样才能保证现代化的思维方式能够满足当今教育的发展，同时在面对各种现代化新问题时能够找到适宜的解决方法。

2. 艺术方式

思想政治教育的美育维度就是艺术方式。改造对象创造新的对象存在形式，对象有规律并且自身内在有固定的尺度，对象是需要在实践中得到运用，在实践中形成规律的。思想政治教育的新方式表现在美的环境、载体、环境和人格，这种新方式体现在思想政治教育活动中，教育和受教育者运用这种新方式实现主体美和客体形式完美的和谐。

3. 信念引导方式

高尚的信念对人的维度引导的体现形式是信念。信念表现在心理态度和精神状态上，它需要的前提是在认知、意志和情感统一的前提下，通过在对事物的认识基础上确立对某种事物的坚信不疑同时也勇于践行的行动。一个人的成长过程需要信念，有了信念可以使人在理性确证上形成正确的目标，从始至终地贯通价值。信念可以使人意志坚定，人格得到完善，活力得到激发。根据人全面发展的预设目标，社会本位和个体本位和谐一致是信念确立的原则。提升自身的综合素质，努力奋斗，实现社会价值中个体价值的最大化；树立中国特色的社会主义理想，为社会发展作出贡献，这两点是信念的内涵。

信念引导需要形成一种行为自觉，受教育者需要理性的认可来确立信念，从而让传统的思想政治教育的经验转化成理性形态。另外，当人们的正当需求和利益受到损害和侵占的时候，需要利用信念来进行引导和改变。

4. 实践引导方式

任何教育方式都离不开现实的实践，实践同时也是检验教育成果最佳的方式和方法。马克思主义观确定了科学的实践观，并且由此提出了历史唯物主义观。在思想政治教育中，针对教育实践的主体是老师和学生，二者同为一体而进行思想政治教育实践。科学的实践观需要我们建立在唯物、历史、人道以及从辩证角度来思考问题和解决问题。目前我国的思想政治教育正是在这种科学的教育背景下进行合理的、科学性的实践，并且为了实现思想政治教育目标而进行统一部署以及科学规划，在合理的范围内运用科学的教育手段，只有这样才能保证我国思想政治教育的有序进行以及科学提升。

当前我国社会主义思想价值观正在不断加强以及提升，在这种大背景下，我国思想政治教育更应当融入价值体系之中，并且将实践精神贯彻到实际的教育中，这不仅能够有力保证我国思想政治教育的健康发展，同时还能够加强我国的社会主义文明建设。在传统的教学模式中，学生一直以学习客体的身份存在于基础教育中，这极大地降低了学生的学习积极性以及学习自主性，那么新时代的思想政治教育需要不断提高学生的学习自主性，在实际的教学中可以采用一些较为潜性以及柔性交流方式的方案或者图示，并且以此来培养学生的学习积极性。在一些教育水平较为先进的西方国家，他们在思想政治教育方面有着较高的成果，如道德讨论法、价值澄清法以及社会学习法等，其所要达到的教学目标即使思想政治教育能够更加具有科学性以及现代性的教学特点，除此之外，在评判一些个体思想素质的时候要运用科学的思想价值观，从现实角度分析不同个体间的差异变化。

（二）满足主体多样性发展的咨询辅导方法

伴随着社会经济的迅速发展，思想政治教育环境日益复杂，基于此，高校思想政治教育要积极寻求方式创新。实践证明，增加思想政治理论课的教学人员，建设专门的思想政治教育主题网站以及开发专用的互联网平台等是提升思想政治教育质量和效益的有效方式。

1. 优化思想政治理论课教学方法

我国的高校普遍开设思想政治理论课，它是对大学生思想政治教育的主要途径，是我国的国体所决定的。但是，在互联网背景下，传统的思想政治课已经落伍了，思想政治课的效果并不理想，因此，现在最为重要的就是改进思想政治理论课。

第一，在课堂教学过程中要积极地运用多媒体。教师把所要传授的内容以多媒体的形式给学生展示出来，使理论知识立体化、生动活泼，以调动学生的学习兴趣，同时便于同学们理解掌握。在课堂教学过程中，教师也可以调动学生的积极性和主动性，运用电脑让学生参与到教学中来。

第二，进行案例教学。在教学过程中，以教学目标为前提，把实际生活中案例引入课堂中来，可以选择视频案例，也可以制作演示文稿（PPT），这样更易于学生接受，有利于学生分析问题、解决问题能力的提高，并能深刻体会教学内容。

第三，体验性教学。理论源于实践。大力开展体验式实践活动，开展丰富、灵活多样的理论课教学，让大学生亲身体验生活，提高思想政治觉悟。

2. 积极开辟思想政治教育网络平台

高校思想政治教育应当跟随时代发展的步伐，积极探索开拓思想政治教育网络空间，开展多领域的新型思想政治教育。

（1）建立"QQ"交流平台。腾讯QQ作为大学生思想政治教育载体是指思想政治教育主体利用腾讯QQ平台，将思想政治教育内容或信息传递给思想政治教育客体，促使思想政治教育主客体之间相互作用的一种活动形式或信息平台。[①]

（2）建立"微博"平台。微博是一个建立在用户关系基础上的信息共享、传播和获取平台。微博为思想政治教育提供了全新的渠道，因其强大的实时性、互动性和多样性而备受推崇。

（3）开发手机媒体作为思想政治教育的新途径，并充分发挥其潜能。这为思想政治教育提供了新的传播途径。思想政治教育工作者应该善于把握机遇，充分发挥手机媒体的优势，探索思政教育的新模式。

五、思想政治教育中的多维视角方法运用

视角是指观察、分析和把握问题的角度；多维视角，是指从多个角度去观察、分析和把握问题，从而达到综合效益最大化。

由于多重因素的影响，单一视角下的大学生思想政治教育已经不能适应当今高等教育国际化、社会化、就学成本增加、就业竞争加剧、不同思想文化交流等复杂环境的需要，同时也不能满足当代大学生面临的心理、性格、兴趣等方面的需求。我们应该弃用过于狭隘的方式和方法，而是采用多元化的方法，根据实际情况以及人才培养目标，从各个角度出发，综合使用多种有效的形式来达到培养大学生人才的目的。

（一）思想政治教育中多维视角方法的特性

大学生思想政治教育中的多维视角方法，与其他工作方式方法相比，具有如下特性。

（1）系统性。多维视角运用于大学生思想政治教育，兼顾了理论与实践教育、

---

① 张耀灿，郑水廷. 现代思想政治教育学[M]. 北京：人民出版社，2006.

校内与校外教育、行为与心理教育、地域与层次教育、直接与间接教育。这些教育相互关联，相辅相成，彼此交织，互相补充。

（2）针对性。多维视角下的大学生思想政治教育，涉及法律界面、人格界面、行为界面、心理界面、媒介界面、亲情界面、生源界面、年级界面、实践界面，针对人才培养目标的需要，针对大学生思想政治教育的任务要求，针对新形势下大学生的个性心理，掌握情况，对症下药，具有很强的针对性。

（二）思想政治教育中多维视角方法的内容

大学生思想政治教育，是一个系统工程，既要有原则性，也要灵活多样。当前大学生思想政治教育中的多维视角，应当包括以下内容。

1. 思想政治教育中的法律视角

高校学生思想政治教育注重以人为本，关注学生的人性需求和人类文化精神，但实现上需要依托明确的法律制度。传统的高校学生思想政治教育工作正在适应整个国家法治进步的大趋势，这场变革在教育观念方面特别显著。随着法治观念的普及，学生对法律的认知不断加强。法律具有优先权原则，这一准则应该适用于高校教育活动的所有方面，包括思想政治教育。所有针对学生的教育活动必须合法合规，遵守纪律法规，依据法律进行管理和教育。

在我国法治建设的过程中，高等学校作为一个基层组织，必须积极践行依法治校。对高校学生进行法制教育，从法律的角度出发，也是必不可少的。

2. 思想政治教育中的人格视角

健全的人格发展以及学校思想政治教育的成功，依赖于一个人优秀的性格品质。而提升性格心理结构的良好塑造，则是达到卓越品质的关键所在。

在进行思想政治教育时，需要充分考虑学生的心理构成、形成过程以及变化规律。学校的教育重心应该放在培养良好的道德品格、树立成才目标和完善个人人格方面。为了达到这一目标，学校应该全方位开展德育工作，营造一个高尚、健康的校园文化氛围，注重培养学生的自主能力、适应能力和文明习惯。通过这样的教育方式，我们可以培养具有民族精神和人格魅力的健全个体和健康的集体风气。在大学生的个人品格中表现出恪守诚信这一准则是非常重要的。恪守诚信是一种被社会认可和赞同的行为，它在理性认知信用、信任和信誉等属性和价值中发挥作用。

3. 思想政治教育中的行为视角

以大学生的行为视角，校正思想工作，能够有效地指导学生自觉地选择、矫正自己的行为，使学生不断将良好的行为习惯内化为优秀的人格品质。

为了有效地推进大学生思想政治教育，我们需要基于实际情况、有据可依地展开工作；要着眼于大学生的具体行为表现，分析深层次的社会和家庭教育背景及其演化趋势。这有助于学生更准确地认识和选择自己的行为方式，全面提高身心素质和塑造良好的人格形象，同时也促进素质教育和德治社会的发展。

4. 思想政治教育中的心理视角

心理视角需达成的目标有两个：一是预防和治疗各种心理和行为问题，仅针对那些存在心理行为问题的学生；二是支持每个学生充分发掘自身潜力。心理健康教育主要面向正常学生，采取正面教育方式，强调预防、治疗和发展相结合的原则，致力于促进所有学生全面发展。

近年来，大学生出现心理问题的现象有所增多，必须引起全社会，尤其是学校和心理学界的重视。要求教育工作者们"分流归类，具体指导"。学校心理学家的作用是当好学生心理的保健医生，也要有"具体问题具体处理"的意识与能力，成为德育工作的辅助者、学生学习的辅导者、职业选择的指导者。

5. 思想政治教育中的媒介视角

互联网已经成为大学生生活的一部分，其高度的信息丰富性和便捷特性深刻地改变了大学生的生活方式和思维方式。因此，为了引导大学生健康成长，我们应该将网络视为大学生思想政治教育的重要场所，并在此基础上加强校园网络建设。高校的网络运营人员需要紧密关注校园网的发展，关注学生感兴趣的话题，并积极引导网络上的正确舆论，确保在网上思想政治教育工作具有主导权，将网络打造成为高校思想政治教育工作的重要平台。

6. 思想政治教育中的亲情视角

在高校思想政治教育的多元化视角中，亲情视角具有非常重要的地位。亲情视角，有两方面的含义：一是指在实施思想政治教育时，应从亲情的角度出发，关注人类的温情和关爱，而不是冷酷无情的统计数据；二是要加强学校与家长的沟通，促进双方之间的互动，充分利用家长在子女教育方面的特殊优势，以达到教育的目标。

7. 思想政治教育中的生源视角

即使是地方院校或民办高校，也会进行跨地区、跨省份的招生。因为大学生在成长背景、家庭环境、教育基础、地域发展水平以及自我意识等各方面都存在一定差异，因此，他们的素质构成不可能完全相同。如果仅采用群体教育方法，忽视学生之间的个性差异以及地域差异，忽视个性化教育，那么很难达到预期的教育成效。[①]

在高校思想政治教育中，应该采用多元化的视角和方法，不仅关注所有学生的知识获取，同时也应该考虑到大学生来自不同的地方，拥有着不同的思维习惯和行为方式，而不是将他们局限在学生这一固定的范畴里。应将大学生的全面素质培养和发展作为高校思政教育的重点目标，注重细致观察和研究不同背景的学生，发掘和激发他们的潜在素质和闪光点，量身定制针对性强的教育方案，为学生提供自我成长的机会和空间，使他们充分发挥自身独特的优势和特点，进而培养独立高尚的品格。

8. 思想政治教育中的层次视角

划分不同层次，加强在校大学生思想教育，是指通过对在校学生不同的情况进行分析，从而有针对性地深化在校大学生的思想教育，使思想教育得到有效开展，达到提升各层次在校大学生的思想素质。作为大学中最为普遍存在的群体，团员们在维护校园纪律和执行学校规定中发挥了至关重要的作用。因此，如何促进团员形成正确的思想倾向成为教育的一个重要议题。

大学生是党组织发展成员和吸收高素质人才的重要渠道，但是由于社会发展进入转型阶段，劳动力资源发展不平衡，导致大学生就业受到多种因素的影响。为此，必须有针对性地对入党培养对象进行入党前思想政治教育，纠正大学生入党时可能存在的错误动机，确保他们能够成为为党组织和国家作出卓越贡献的杰

---

① 刘珊梅. 高校思想政治教育中的多惟视角方法运用 [J]. 韶关学院学报，2007，（04）：158-161.

出社会主义现代化建设者。因此，加强对大学生党员的思想政治教育对新时代青年人在未来社会中实现自我发展和为社会服务具有至关重要的意义。

9. 思想政治教育中的文化视角

当学生身处某一特定文化背景下时，会受到团体意识的影响和熏陶，这会导致在社会化过程中形成和群体一致的文化意识和品格。

大学生的价值取向与判断会受到一些局部的社会因素、眼前的情况或其他因素的影响，这些因素受制于他们的社会经历和经验，从而可能导致他们在认知上产生偏差。而良好的校园文化可以通过文化的"集体意识"将学校办学目标内化为教师的教育目标和学生的成长目标，将大学的主要任务内化为老师的教育、科研需求和学生的学习、成长需求，将大学的办学导向升华为教师的发展导向、学生的成才导向，使学校的每一个成员都感受到自己在校园文化建设中的主体作用，并使学生在情感中生发出对校园和校园文化的认同感。

10. 思想政治教育中的生命视角

重视和倡导大学生的生命关怀教育，具有丰富的内涵：不仅要关注个体自然生命，更为重要的是注重对大学生生命的价值和人生态度进行引导和提升。

人生的真正意义和价值在于我们对他人和社会的责任感和贡献。因此，高校思想政治教育必须着重强化生命意义和价值教育的作用，引导大学生重视并充分认识到对于自身、他人及其他生命的尊重、敬畏以及热爱的重要性，以此为根基，贡献其积极主动的力量。

（三）思想政治教育中多维视角方法的运用对策

第一，注重多维视角的整体效益。任何事物都是一个复杂的、有机的整体，各个方面都相互作用、相互依存，缺一不可。强调多维视角可以使整体推进更加全面，更具有效果，更为全方位，能够提高多个方面的效率。

第二，注重管理干部的素质提升。熟知法律、心理、网络方面的知识，能够进行良好的交流，有能力解决学生的心理疑虑。要实现教育目标，必须提高管理干部素质，以便全面运用多维视角。

六、互联网背景下思政教育实践维度

（1）从思想层面重视互联网的使用和信息传播的影响。首先，思政教育工作者应该认识到互联网的发展是时代的趋势，是不可避免的，要积极适应。因此，在互联网时代，从事思政教育的工作者必须保持清醒的头脑，充分认识到互联网的广泛性和深远影响。其次，思政教育工作者应该充分认识到自己的责任重大，要将学生的健康成长视为自己的责任，并将培养社会主义事业接班人作为使命。在网络时代，作为思政工作者，应该更加强化责任感，时刻关注网络中的信息和舆论，运用监测和分析的方法来引导学生客观分析问题，理性应对挑战。在数字化时代，思想政治教育工作者应积极掌握数码技能和知识，培训学生中的精英骨干使其具备网络素养，将所学数码技能融入思政教育工作中，从而充分利用互联网优势为思政教育服务，同时消除互联网带来的负面影响。

（2）从技术层面大力打造各种网络宣传阵地。思政教育应该借助网络打造宣传自己的平台，如建立公众微信平台、微博、贴吧、腾讯QQ群、手机报、APP客户端等平台，在这些平台上及时发布正能量的信息，及时纠正一些负面的消息，让广大学生随时随地都能通过网络终端接收到正能量的信息，树立坚定的社会主义理想信念。

第五章 互联网背景下思政教学中的问题、启示与对策

本章探讨互联网背景下思政教学中的问题、启示与对策，站在互联网背景下，剖析思政教学中的存在的问题，进而得出有关思政教学的启示，找出对策提出建议。

第一节 互联网背景下思政教学的问题剖析

随着"互联网+"信息技术的高速发展，互联网逐步渗透到人类生活的各个领域，已经成为人类生活的重要组成部分。[1] 学校的思想政治教育是社会主义精神文明建设的基础工程，是建设有中国特色的社会主义各项德育教育任务的中心环节，是马克思主义理论教育的基本途径。[2]

一、高校思政教育学习者与工作者存在的问题

在现代社会中，迅速崛起的互联网已成为推动时代发展的重要基础和条件，作为信息技术和信息时代的产物，互联网经过飞速发展，正以其强大的迅速性、广泛性和自由性彻底颠覆了人们的学习、工作与生活，互联网推动着人类社会的发展。

互联网在短短的几年时间里快速发展，方便了人们的生活，然而，互联网给

---

[1] 吴晓蒙. 高职思政理论课"互联网+"背景下存在的问题与对策 [J]. 品位·经典, 2023 (06): 170-172.

[2] 张振川. 高校思想政治教育新论 [M]. 保定：河北大学出版社, 2012: 78.

人们带来极大便利的同时，也给高校思政教育带来了很多不利于对大学生们进行思政教育的影响。目前，高校思政教育工作的进行面临着许多问题。

（一）思政学习者存在的问题

1. 网络暴力和谣言

互联网上存在大量的谣言和虚假信息，这些信息可能会误导思想政治学习者的认识和判断力，甚至导致其对政治制度、社会发展等有误解。同时，互联网上也存在大量的网络暴力现象，这些暴力言论可能会对思想政治学习者的思想产生负面的影响。

2. 良莠不齐的信息来源

作为高校的主体力量，他们能否理性面对互联网，理性分析互联网上的各种舆论，在辨别真伪的前提下，有选择地吸收互联网上的积极内容，直接决定了思政教育工作能否顺利开展，高校能否正常发展。在互联网时代面对思政教育学生群体，如何能充分了解他们的所思、所想，如何去关注他们的思想动态，需要我们在互联网视域中建构出一套思政教育工作的新模式。

3. 网络依赖和负面影响

互联网可以方便快捷地获取思想政治相关信息，这使得思想政治学习者容易产生对线下学习的依赖，导致其对线下知识的消化和理解力度不够。同时，在长期的互联网使用过程中，思想政治学习者可能会出现时间浪费、沉迷于游戏和社交等负面影响。

4. 自我封闭和信息孤岛

互联网可以让人们自由选择信息来源和学习内容，但这也有可能导致思想政治学习者自我封闭，只接受自己认同的观点和意见，从而妨碍其对一些新鲜事物、不同观点的认知和理解。同时，互联网上也存在信息孤岛的情况，这些孤岛可能会使思想政治学习者失去对于整个社会环境的认知和了解。

（二）思政教育工作者存在的问题

思政教育工作者大都是年龄较大的资深老教授，他们要掌握互联网技术是有一定的困难的。然而思政教育实施的对象却是年轻的、充满活力的大学生，他们对这个世界有着极大的好奇心，渴望接受更多更广泛的新知识。思政教育的工作者们必须要学会使用微信、QQ等网络媒介，合理地利用网络的快捷和便利来对教育工作作出合理的教育方案。

互联网使得思政教育承受更大的压力，使思政教育进程更加艰难。互联网中丰富的知识固然好，但是杂乱无章，在思政教育学习中，教师们需要对网上繁杂的内容进行整理才能进行教学。我们能做的就是正确地引导学生使用互联网，尽量克服互联网给他们带来的不良影响，并且加强与学生们的沟通交流，及时地了解学生们对于思想政治的要求，并针对他们的请求进行针对性的教学。同样，教育工作者也应该与时俱进，不断地打破传统教育模式，不断地探索新的可以吸引学生的教学方式。

二、思政课网络教学平台存在的问题

网络教学平台最早出现在国外，目前国际上主流的网络教学平台主要有商业平台和开源平台两种。商业平台主要有 Learning Space、Virtual、Blackboard、Top Class 等；开源平台有 Atutor、Sakai、LAMS、Claroline 等。1994 年"中国教育和科研计算机网（CERNET）"示范工程的正式运行意味着我国网络教学平台应用的开始。

近年来各高校在使用思政课网络教学平台的同时，也对平台加以建设和完善，目前思政课网络教学平台已取得了显著的成果。思政课网络教学平台经过多年建设和发展，日渐完善，取得了一些成绩，但在应用中仍然存在很多问题急需解决。

（一）平台内容枯燥

当今世界正处于多元化的价值观念互相碰撞阶段，大学生受各种文化的影响，个性特征更加张扬，主要表现在两个方面：在学习上抵触传统灌输式教学，厌恶形式主义，乐于接受新知识，具有好奇心和怀疑精神；在生活上追求时尚，行为独立、富有创造力，依赖网络。因此，学校为了满足学生需求，使思想政治教育有效发挥作用，建立了思政课网络教学平台。

（二）访问量低

思政课网络教学平台吸引力的重要指标是网站访问率，它是评价思政课网络教学平台发挥效用的重要指标，也是思政课网络教学平台的生命。访问量高，说明思政课网络教学平台为师生熟知，能满足师生需求，网络教学平台发挥了应有作用。大部分同学浏览思政课网络教学平台的目的性非常强，即完成老师布置的作业，进行在线测试或者进入题库进行模拟测试，平时一般不会主动地去浏览网站、下载学习资料、阅读与课程有关内容，因此思政网络教学平台的作用难以充分发挥。

（三）表现形式单一

随着互联网的发展，网络教学平台的建立有力地推动了思想政治教育的发展。多媒体技术具有声音、图像、视频等多种现代手段，可以把抽象内容转化为具体内容，枯燥的内容通过现代化手段变为有吸引力的内容。大学生喜欢以轻松的方式进行学习，敢于尝试新鲜教学方式，所以比较中意视频、图片、交流等形式。然而思政课网络教学平台并没有充分发挥互联网的多媒体特性，网站内容的表现形式较为单一。

目前思政课网络教学平台的视频选取面较为狭隘，主要以授课视频、时事分析视频、重大事件视频等为主，难以激发学生线上学习的积极性。同时在思政课网络教学平台应用中，图片和音频也存在不足，图片制作所需精力较多，高校缺乏相关人员，教师缺乏精力或者制作效果不佳，达不到预期效果。

（四）功能无法满足学生需求

思政课网络教学平台的超时空性、资源丰富性、资源共享性等特性，能够满足大学生的多元需求。为了提升思想政治理论课教学质量，就必须发挥传统教学和网络教学的优势，形成以传统教学为主，网络教学为辅的思想政治理论课教学模式。但是在思政课网络教学平台使用过程中，出现了一系列的问题，主要表现为思政课网络教学平台功能无法发挥其应有的作用，因此无法满足学生多样化需求。就学生的需求而言，新颖的授课视频、独特的实证分析、案例分析、交流探讨对学生更具吸引力。在网络教学平台的交流版块，他们可以就相关问题进行讨论，各抒己见，在讨论过程中，他们可以互相吸收他人正确的建议，学会从不同角度来看问题。

(五)互动性不强

教师与学生之间、学生与学生之间的互动在思想政治教育中非常重要,其互动的强度影响到他们之间交流的信息量、投入的程度、反馈的及时性,也直接影响到思政课网络教学平台教学质量。在初始阶段,互动是由教师组织安排的,互动过程中的发展方向由教师进行引导和把控。教师是先导角色,在互动中注意自身的行为,同时对学生互动给予客观准确的评价,以提高师生互动的有效性。学生是教学活动的核心,教师要引导学生与学生之间就相关问题进行讨论。答疑讨论区中的互动方式没有得到较好的应用,究其原因在于教师没有重视其在网络教学平台互动中的重要性,学生没有意识到自身在互动中的作用。因此导致互动功能没有充分发挥,也使得思政课网络教学平台未能达到所期望的效果。

(六)网络教学平台建设滞后

目前虽然很多高校已有思政课网络教学平台,各大版块已成形,但是平台内部的各组成部分并没有得到构建。以某大学思政课网络教学综合平台为例:首先,个人首页中的网上论坛,没有得到应有的利用。在论坛中学生可以就相关的话题或日常生活中的话题进行交流。但学生很少在论坛中讨论问题,甚至很多学生"我的好友"为零,从未参与讨论;"答疑讨论"区也基本是无人问津,这也充分说明了教师、学生没有重视平台中的网上论坛。其次是课程教学方面,课程教学内部的基础信息如教学大纲、教师信息较为全面,但是教学资料如课程教案、阅读材料、时事分析、相关案例等较为匮乏,表明教师在课程资料的建设上出现滞后。

第二节 互联网背景下思政教学的启示分析

随着互联网技术的普及和互联网思维的兴起,思政教育也面临着新的挑战和机遇。以下是互联网背景下思政教学的启示分析。

一、注重以学生为中心的思政教学模式

互联网时代,学生获取信息和知识的方式更加自主、多元化和便捷化,教师

要根据学生的兴趣、需求和学习风格来设计教学方案,让学生更加积极地参与到课堂中来。

思政教育注重以学生为中心的教学模式,强调在教学过程中关注学生的学习需求、个性特点和成长潜力。这种教学模式是传统教育模式的一种改进,不再单纯强调教师的课堂讲授和学生的被动接受,而是更注重学生的参与和合作,鼓励学生自主探究和创新思考。

在以学生为中心的教学模式下,教师的角色转变为学生学习的指导者和促进者,引导学生主动思考和探究,指导他们合理地规划学习目标、方法和方式。同时,教师也需要关注学生的心理状态和情感需求,关心学生的成长和发展。

这种教学模式的核心是"学生主体、教师协助",通过营造积极的学习氛围和创造性的教学方法,提高学生的学习兴趣和积极性,帮助他们更好地培养综合素质和提升个人能力。这种教学模式在思政教育中非常实用,能够更好地培养学生的思想品质和道德情操,形成具有独立思考、主动进取、创新意识和实践能力的人才。

二、利用互联网科技手段提升思政教学质量

利用网络和多媒体技术,可以更加灵活、生动地呈现和传达思政课程内容,使学生更容易理解和接受。如利用网络互动平台和在线讨论等方式,促进师生之间的互动和交流。

(1)制作精美的PPT课件,可以用多媒体平台展示教学内容,加强视觉效果,增强学生的学习兴趣。

(2)建设网络课堂,进行在线授课,利用互联网的优势,突破时空限制,让更多的学生可以参与到教学中来。

(3)利用互联网资源,增加教学案例和实例,让学生可以更好地了解和应用思政知识。

(4)利用社交媒体的传播力,建立微信公众号等平台,推送思政理论知识和实践案例,让学生可以随时随地都可以学习。

(5)利用网络问卷调查、小测验等方式,完善教学评估体系,提高教学效果和教育质量。

（6）利用云平台和在线视频会议等，开展教学研讨和教学互动，促进师生之间的交流和学习共同体建设。

（7）利用互联网教学平台，推出针对性强、交互性好、便于学生掌握的思政教学视频和小程序，形成专题集锦，辅助学生学习。

三、坚持思政教育的实践性和针对性

互联网时代，知识和信息的更新速度非常快，教师需要时刻关注社会变革和学生的实际需求，及时调整教学内容和形式。同时，要注重培养学生的实践能力和创新意识，提高思政教育的针对性和实用性。思政教育的实践性和针对性是指教育内容和方法必须贴合实际，贴近学生需求，具有可操作性和实际效益。具体来说，应该通过多种形式和途径，打造丰富多彩的实践教育项目，引导学生将理论知识转化为实践能力，帮助他们解决实际问题，同时还应该注重针对性，对不同群体的特点、需求、兴趣给予细致的研究和指导，确保教育内容和方法能够切实映射到学生经验中去，以达到思政教育的实际效果。

四、培养学生的网络素养和信息素养

随着互联网越来越普及，对学生的网络素养和信息素养的要求也越来越高。教师需要引导学生正确使用互联网资源，培养学生的信息筛选和评估能力，防止学生误入网络谣言和陷阱。但同时要充分认识到网络的优势和价值，引导学生认识到网络与现实生活的互动关系，促进学生全面发展。

第三节　互联网背景下思政教学的对策建议

一、加大思政课网络教学平台宣传力度

宣传有两种传播途径：大众传播和人际传播。大众传播能够为人们提供有效的信息，而人际传播劝服人们接受的效果更加显著，因此在推广过程中两种传播途径需要同时使用。

（一）学校宣传

学校宣传属于大众传播，它能够使学生迅速获得有效信息。学校宣传具有组织性、广泛性、迅速性、权威性等特点，通过学校向学生宣传思政课网络教学平台效果显著。首先，学校相关部门以文件的形式将思政课网络教学平台的简介和使用说明下达给各院，各院组织师生共同学习。其次，新生是使用思政课网络教学平台的后续力量，在开课之前学校统一对入校新生进行宣传。

（二）教师宣传

学校在向学生提供思政课网络教学平台信息方面作用巨大，但在劝说学生使用网络教学平台方面，教师的作用更加明显。创新推广理论认为在推广初期，要游说群体中的"意见领袖"使其成为新事物的早期接受者，"意见领袖"在群体中的地位举足轻重，可以通过他们向外扩散消息。因此教师要发挥其积极作用，在课堂经常提及思政课网络教学平台的优势。重点劝服学生群体中的"意见领袖"即班干部及积极分子，劝服其使用思政课网络教学平台，随后再通过"意见领袖"向其他学生宣传网络教学平台。当有一部分班干部及积极分子使用思政课网络教学平台后，通过他们的传播，会带动部分同学使用网络教学平台。接着从众效应开始发挥作用，剩下的人会跟随大众去使用思政课网络教学平台。

二、将思政课网络教学平台的使用纳入考核机制

考核不仅仅是对结果的考核，它更是一种过程管理。把思政课网络教学平台的使用纳入考核机制，不但能激励学生使用网络教学平台，而且还能督促教师建设和完善思政课网络教学平台。

（一）将思政课网络教学平台的建设纳入教师考核机制

将思政课网络教学平台的建设纳入教师考核机制能督促教师建设和完善思政课网络教学平台。教师对思政课网络教学平台重视程度低的原因，一方面是多数高校对于思政课网络教学平台的使用停留在口头上、文件上，并没有具体落实下去；另一方面则是学校未将思政课网络教学平台的建设纳入教师考核机制。教师考核机制具有激励作用，把教师的薪酬和职位职务的升降与考核相结合，提高教

师的教学热情，调动教师的积极性和主动性。将教师对思政课网络教学平台的建设成果作为年终考核的标准之一，将促使教师投入时间和精力去建设思政课网络教学平台，组织网上教学活动。

（二）将学生在思政课网络教学平台的表现纳入总评成绩

考试成绩具有激励作用，优异的成绩能够激发学生的积极性和上进心，促使其努力学习。当学生在思政课网络教学平台的表现不参与思政课总评成绩时，会给学生造成一种假象——思政课网络教学平台不重要，所以没有必要在平台上花费精力。针对学生的这种心理，教育者应该把学生在网络教学平台的表现纳入其总评成绩，让学生感受到网络教学平台的重要性。布鲁纳在《教育的适切性》中提出："学习存在表层过程和深层过程。"[①] 因此学生在网络教学平台中的学习也分为表层过程和深层过程，两者构成学生在网络教学平台的表现，最后与学生总评成绩挂钩。表层学习过程主要表现在：学生使用网络教学平台的次数和时长；学生对网络教学平台的贡献，比如上传平台有价值的信息、资料；学生在平台上的作业情况及在线测试。深层学习过程表现在：师生之间或学生之间就热点问题、疑难问题的互动情况。对照表层学习和深层学习的评分标准，教师对学生在网络教学平台中的表现评分。学期结束时教师将学生在网络教学平台中所得的总分值，按一定的百分率折合到思政课总评成绩中，这一行为将激发学生使用网络教学平台的主动性，从而提高学生使用网络教学平台的效果。

三、提供基础条件

基础条件对思政课网络教学平台具有重要意义，它是思政课网络教学平台存在和发展的必要条件。良好的基础条件有利于思政课网络教学平台的作用的发挥。

（一）完善网络基础设施

思政课网络教学平台依赖于学校的网络基础设施。高校的基础设施建设包括网络设备的更新换代、数字化教学环境、优化网络系统配置三方面。

首先，网络设备的更新换代。各高校加大对校园网络的建设，加大对网络经

---

① 钟启泉. 现代课程论新版[M]. 上海：上海教育出版社，2015.

费的投入，目前很多高校的网络基础设施已较为齐全，但网络设备陈旧不堪，不能满足师生的需求。

其次，优化数字化教学环境。学校要想为师生提供一个良好的数字化教学环境，就必须在现有多媒体教室的基础上建设数字化教室。数字化教室配备交互式智能白板、传感器、自动跟踪录播系统、实时编辑生成系统、网上直播系统等软硬件，满足以"学"为中心的新型课程组织形式的教学要求。

（二）提供相关政策支持

为解决我国教育发展难题，促进教育的改革和创新，国家作出了以教育信息化带动教育现代化这一重要决策。为了贯彻这一重大决策，2010年教育部发布《国家中长期教育改革和发展规划纲要（2010—2020年）》，各高校根据规划纲要要求积极落实教育信息化。而思政课网络教学平台是教育信息化的重要表现，因此学校在规划纲要的指引下，制定落实思政课网络教学平台的相关政策，为思政课网络教学平台的使用营造一个良好的环境氛围，为网络教学平台的建设和使用提供政策支持。

（三）增加师生培训机会

培训是对相关人员传授正确的思维认知、基本知识和技能的过程，以期望其完成本职工作。

对学生的培训。首先是平台操作技术的培训，可以由各学院组织本院学生，通过多媒体演示的形式进行培训。培训完毕后，学生回去演练，课上由任课教师抽查学生对平台操作的熟练程度。其次是观念培训，引导学生重视思政课网络教学平台，激励学生积极使用网络教学平台学习思想政治理论课。

对教师的培训。第一，树立新的教学理念，建构主义理论认为新的教学理念应以学生为中心，教师是以组织者、引导者、促进者的身份出现，积极发挥教师的主导作用，转变教师角色，把教师从知识体系的传授者变成思想的传播者。第二，技术上的培训，使教师了解、掌握网络教学平台的操作步骤和功能。第三，教学策略、教学模式的培训，使教师了解、熟悉多样的教学策略和模式。加强教师培训可以提高教师的整体素质，激发教师使用思政课网络教学平台的积极性，对思政课网络教学平台的有效使用具有重要意义。

四、完善网络教学平台

（一）平台操作简便化

当人们花费较少的时间、精力就可以了解、掌握新事物时，新事物会更容易被人们接受。因此，思政课网络教学平台越便于使用，则其被广大师生接受的概率就会越大。如学生通过平台上交作业或教师上传资料、批改作业操作复杂时，师生会觉得使用网络教学平台是浪费时间或多此一举。在网络教学平台的使用上，技术开发公司应尽量把操作步骤化繁为简，使用者不需要花太多时间、精力去学习，即使是没有计算机常识的人，经过学习也可以使用。在网络教学平台的操作方面，主要借助于开发商的力量，开发商根据师生对网络教学平台操作便捷的需求去努力改进平台，使平台的操作更加简便。

（二）丰富教学内容

丰富网络教学平台内容时，要注意两点：一是保证内容的高质量，二是要以平台的各种内容为引导，帮助学生实现有效的学习。要确保网络教学平台内容的质量，就需要提升资源的权威性和实用性。思政课网络教学平台的内容权威性体现在两个方面：一是所提供的资料必须源自权威渠道，确保对思想政治教育有实质帮助并与教学目标一致；二是对于非权威渠道得来的资料，如教师自主创新的资源——课程教案、案例、试题等，需要负责人鉴定、筛选，以保证资料的正确性和积极性。平台内容的实用性主要表现为教学内容应贴近生活、贴近实际以期满足学生的实际需要，激发学生兴趣。在网络教学平台上设置自学材料、拓展材料和在线测试。自学材料是每个单元的课件，课件主要是基础知识和重点难点，它源于课本知识，又深于课本知识。拓展材料包括教学案例（视频案例、文字案例）和阅读材料，其中教学案例是当下时事热点，阅读材料包括各种经典著作节选、学术论文等，拓展材料后设有思考题。在线测试为单元测试，单元测试中客观题基本都在自学材料中，主观题从教学案例和阅读材料中选取。

（三）平台的管理和维护

为了确保思政课网络教学平台正常运行，需要做好思政课网络教学平台管理和维护工作——管理和维护平台资源和技术设施。平台资源的管理和维护，应做到以下几点：首先，加强监控，建立健全网络平台管理制度，设置专门的网络管理部门和人员，负责监控和管理信息，以预防不良信息的传播和扩散。在发现有害信息时，应立即采取措施予以清除，以保持网络教学平台清洁有序，为大学生提供一个积极健康的学习环境。其次，贯彻责任到人的理念。基于不同的教育目标，大部分高校的思政课网络教学平台中都设立了不同的专栏，遵循"谁建设，谁管理"的准则。这样做可以确保教师按时更新平台资源，并积极负责自己的专栏建设。大多数高校对于思政课网络教学平台的建设给予了高度重视，却忽视了后期的管理与维护。这就导致使用思政课网络教学平台时，可能会遇到网速缓慢、服务器不稳定等问题。为了保证思政课网络教学平台的正常运转，建议成立专门机构定期对网络服务器进行检测。同时在网络平台上开设维修通道，供教师和学生随时报修或询问技术问题，以便快速解决问题。

第六章　互联网背景下思政教学模式的改革与创新

互联网的进度与发展，极大地改变了信息传播方式和教育方式，给思想政治教育带来了新的机遇。本章探讨互联网背景下思政教学模式的改革与创新，分别介绍了互联网背景下高校思政教学模式改革、创新以及互联网背景下新型高校思政教学模式。

第一节　互联网背景下高校思政教学模式改革

"思想政治工作是党的优良传统、鲜明特色和突出政治优势，是一切工作的生命线。"这是党中央、国务院在2021年7月印发的《关于加强和改进新时期思想政治工作的意见》中提到的。[①]

高等学校思想政治课是大学生思想政治教育的主渠道和主阵地，其内容和方法也随着时代的改变发生着变化，我们要与时俱进，顺应时代的发展，切实改进思想政治课的教学方法。随着科技的进步，移动互联网时代到来，人们的行为模式、价值取向等发生变化，这也使我国高校思想政治工作面临新的挑战，应对这种挑战的最好办法就是借助网络，改进高校思想政治课教学模式，进一步推动中国特色社会主义理论体系进教材、进课堂、进学生头脑，不断增强思想政治课教学的实效性。

---

① 习近平. 关于新时代加强和改进思想政治工作的意见[N]. 人民日报，2021-07-12（001）.

一、高校思想政治课面临的新环境

（一）移动互联网时代的到来

移动互联网，是互联网的技术、平台、商业模式和应用与移动通信技术结合并实践的活动的总称。移动互联网时代主要具有碎片化、场景化、及时性的特点。

1. 碎片化

由于手机的普遍使用，高校学生人人都有手机，获取信息的方式不再单一。碎片化主要表现为三种形式：渠道媒介的碎片化、时间上的碎片化、内容上的碎片化。因此与之相对应的，高校学生学习时获取信息的渠道也发生了根本的变化。

2. 场景化

与 PC 时代互联网传播相比，移动时代场景的意义大大被强化，即对场景（情境）的感知及信息（服务）的适配，此时场景成为移动媒体的新入口，在移动流量场景化的背景下，场景成了虚实交互融合的核心，因此，学生以前关注的是教室的硬件设施条件，如今更关注网络的畅通。

3. 及时性

及时性指及时获取信息和及时反馈。教师在教学过程中所讲的案例、热点事件，学生可能获得更为深入的了解并阐述自己的观点，及时作出反馈（如发帖、点赞），学生对教学效果的反馈也可以及时向外部传播。

（二）对思想政治课教学的冲击

信息化时代已经到来，随着现代信息技术的广泛应用和发展，大学生接收信息多维化、接受方式多元化以及自我追求主体化冲击着课堂教学的有限空间，尤其是互联网对于学生的思想观念、道德规范的影响越来越重要。教育信息化、网络化，不仅是教育手段的改变，而且是教育思想、教育观念和教学结构、教学模式的转变。以计算机网络为代表的现代通信技术的发展，给高校思想政治课教育带来了全新的信息传播和教学观念，充分利用这些网络技术，可以突破传统的教学模式，构建一种新的教学模式——传统教学与网络相结合的模式，将传统教学模式与网络相结合，以建构主义学习理论为基础，研究适合我国实际的高校思想政治教育网络教学模式。

21世纪以来，互联网技术的不断发展和网络社会的崛起，彻底打破了信息单向传播的格局，人们接收信息的渠道越来越多样化。移动互联网时代的到来极大地改变了人们的生活方式、思维方式和行为意识，人们的价值观念、价值取向发生了多向性转换，原有的思想政治教育也受到从未有过的挑战。如何应用网络进行思想政治教育已成为社会各界关注的问题。因此，提高学生辨别是非的能力，引导学生对错综复杂的信息进行取舍，保证其思想的正确性已成为高校思想政治课教师的重要职责。

二、互联网背景下高校思想政治教学改革的必要性

（一）传统思想政治课教学模式存在弊端，急需进行教学改革

教育界人士之所以提出对思想政治理论课进行改革的倡议是因为传统的思想政治课教学模式存在着明显弊端，且随着社会经济的发展，这种弊端日益凸显，具体表现在以下方面：首先，在传统的思想政治课教学模式中，教师通常占据核心和领导地位，讲解是应用最为广泛的教学手段，学生在教学中处于从属地位，只能被动地接受教师传授的知识；其次，教师在教学中仅仅扮演了刺激器的角色，没有关注学生的心理反应，学生成了知识的灌输对象，这样的学习方式很难培养学生的创造性思维，也无法为学生提供实际锻炼的机会。在网络环境下，思想政治课教学不能再就事论事，教师必须结合网络信息，调整教学内容，把课堂教学与现实紧密结合起来，增强学生对思想政治理论的把握和运用，切实增强课堂教学的实效性。

（二）网络发展对大学生造成的不良影响，增加了思想政治课的教学难度

随着信息技术的发展，网络对学生的政治观、道德观，以及心理和行为方式都带来深刻的影响。有人利用网络发布一些无聊或无用的信息，制造"信息垃圾"；有的人利用网络传播色情、暴力；有人利用网络污蔑、诽谤、恶意攻击他人；有人甚至利用网络进行信息欺诈和网上犯罪等。这些都给大学生带来了不良影响，增加了思想政治课的教学难度，使传统的思想政治课教学模式不再适用，高校思想政治课教学改革迫在眉睫。

（三）现代教育的发展需要现代教育理念和技术与之适应

对当代大学生要继续开展马克思主义立场、观点、方法教育，增强思想政治理论教育教学的针对性、实效性、说服力和感染力，进一步培养大学生的创新意识和创新能力已成为思想政治理论课教学必须面对的重大课题。

三、高校思想政治课教学模式改革方向

结合互联网的发展和教学实践，我们提出了基于网络的思想政治理论课教学模式创新。我们所说的教学模式创新，不是简单地利用网络、多媒体等工具进行课件制作和利用网络资源进行网络教学，而是一种教师和学生共同参与，通过互联网围绕思想政治教学主题进行相互交流研讨的教学活动；是教师和学生共享教学资源，网络技术在教学中的具体运用。网络环境下高校思想政治课教学模式要想获得成效，应该从以下几个方面努力。

（一）建立现代的教育理念

教育理念的转变是传统教学模式向网络教学模式转型的必然，因为教学过程的参加者是教师、学生，他们是教学模式转型的执行者。未来社会将会对人才的要求更高，不仅需要具备基本能力、思维能力和品德素质，还需要具备适应网络信息时代的五种广泛能力，包括：获取信息的能力、组织信息的能力、分析信息的能力、应对高速变化情况的能力以及学习和更新知识的能力。这些人才要求会对高等教育的教学目标和方法产生影响，而且教学模式也会随之发生改变。网络提供了思政教学平台、数据库和专家教学系统等资源，学生可以自主学习并进行自我测验；此外，他们还可以通过网络获取来自全球各大学的资料。学生需要更深入了解信息处理工具的使用方法，并掌握分析问题和解决问题的能力。同时，教育工作者还应鼓励学生在合作共享信息方面建立更加积极的态度。当我们实行主动、开放以及交互式的学习方式时，就真正形成"以学生为中心"的现代教育与学习方式。教学过程的民主、师生关系的平等，有利于学生主动建构知识体系，甚至创造新知识。

（二）提升教师素质

思想政治课是一门专业性极强的学科，对于思想政治教师有着极高的要求：乐观的人生态度、奋发向上的人生观、价值观以及积极进取的精神面貌。同时，网络技术水平的提高是思想政治教师素质提高的重要内容。当前大学开设的思想政治理论课程是一门涵盖面广泛、重点突出、知识量巨大的课程，其宗旨是引导学生树立正确的思想导向，这就要求教育主体具有深厚的人文底蕴和较强的政策解读能力，具备深入分析和处理信息的能力。思想政治课教师应熟练掌握基本的网络知识和技能，深入了解大学生的思想状况，提高网络技术水平，充分利用网络平台，充实教学内容，增强教学实效。这是当前提高思想政治教育实效性的重要途径，具有重要的现实意义。

（三）更新完善教学内容

教学内容应该与时俱进，把握时代脉搏，富于时代气息。对于教学内容，在以课程标准和教材内容为依据的前提下，借助网络资源的即时性特点随时进行补充调整，形成与时俱进的知识体系。高校思政课面对网络不良信息对大学生的负面影响，需要及时更新教学内容，采用最新的理论研究成果来为教学服务。这是应对和缓解网络不良信息对大学生影响的重要策略。例如，在高等学府的《思想道德与法治》课程的第五章，涉及维护公共秩序的社会公德并专注于网络生活中的道德要求。这部分内容提到了如何正确使用网络工具，并强调了应当进行健康的网络交往，防止沉迷网络并养成自律的态度。这些理论对于构建健康的网络世界具有指导意义，但是却不能从根本上解决大学生在网络上遇到的困惑。基于此，思想政治课的教学内容应该包含有关网络道德研究的最新成果、国内外该领域内权威的结论，以及信息素养等科学知识。这样就能寻找到更具有操作性和可行性的知识，利用形势与政策课的时效性，结合网络文化发展的最新成果来对大学生进行指导。

（四）创新教学方式

教学方式是实现教学目的的重要手段。现代大学生接受知识的机会丰富多样，领域也十分广泛。在这种交汇于多元知识构成的情景中，教师所传达的知识只是广袤知识体系中的一部分。如果某一领域内的专业知识存在薄弱之处，就可能会受到其他方面的知识干扰，从而导致学习效果大打折扣。为了切合当代大学生对教学内容吸收的需求，我们需要探索新的教学方式。

首先，课堂教学方式的更新。兴趣是最好的老师。激发学生的学习兴趣的方式是多种多样的，如利用最新的教育技术，巧妙运用多媒体教学，打造出精美的课件等等，不管是形式上的创新还是内容上的创新，都有助于调动学生的主观能动性。除此之外，教师还可以根据教学内容，灵活运用竞技比赛法、专题谈论法、专家客串演讲法等教学方法，这些方法不仅能够深入浅出地丰富课堂内容，而且可以保持形式的多样性。

其次，网络阵地的充分运用。网络阵地的运用具有延时性，需要持续不断地进行沟通和交流。当前高校运用网络开展思想政治理论教育的模式日渐成熟，为思想政治课教师提供了新的平台，使他们能够利用网络帮助学生应对和解决网络上的不良信息。

（五）引导学生积极参与，建立开放的学习环境

基于网络资源、网络技术的思想政治课教学应该是开放式的教学。师生在教学中的心理状态应该是开放的、自由的。教师不再是学生获得知识和信息的唯一来源，教师应是学生学习的组织者和促进者，在教学过程中，教师和学生的地位应该平等的，从而真正实现教学相长的目标，加强思想政治理论课的实效性。

第二节　互联网背景下高校思政教学模式创新

教育是一个国家的基石，也是国家繁荣和强盛的重要支柱。随着我国经济建设和社会各项事业的快速发展，对人才素质要求越来越高，传统思想政治理论课教学方法已无法满足现代人才培养需求，亟须进行创新与优化。在当今互联网环境下，思政课教学改革正处于一个全新的发展阶段，需要紧跟时代的步伐，及时革新教学模式，提高教学的实效性。[1]

---

[1] 姚瑶.互联网环境下的大学生思想政治课教学改革研究[J].湖北开放职业学院学报，2023，36（13）：124-126.

一、互联网背景下高校思想政治课程教学模式创新现状

学校通过提供丰富的数字化课程资源和技术支持，为学生创造自主、合作、探究的数字化学习环境，其目的在于激发学生学习主动性，更好地实现知识建构和认知迁移。有研究发现，虽然学生在开放自主的学习环境下，能够按照自己的学习需求，依据教学内容进行自主学习，但在线学习容易受到外界环境的干扰，在缺乏实时监控的条件下，学生并不总是能够保证实现有效学习。

随着信息技术在教育领域的应用日益广泛，高等思想政治课应用互联网技术已然成为一种潮流，这给思想政治课教师教学带来了深远的影响。在传统的思想政治课教学中，资源收集、备课、教学和考核等环节通常由一位教师独自承担，以确保教学质量和效果的最大化。由于一部分教学任务需要在线完成，如作业改正、实时答疑、互动讨论等，因此除了主讲教师外，还需要配备多名教师和教学辅助人员。移动互联网背景下，教师的角色也发生了相应的转变，即由"一言堂"转变为"多言堂"。因为随着信息技术的发展，移动互联网逐渐成为教育信息化最重要的平台之一，学生可以随时使用移动终端查询知识点，这就要求每位教师都必须拥有全面的知识结构。思想政治课教师在移动互联网开放的环境下面临着前所未有的教学挑战，需要应对前所未有的教学变革。一方面，网络课程的建设对于高校管理者和教师而言，是一项至关重要的任务，需要更加重视并投入更多的时间和精力；另一方面，思想政治课教师应该积极借鉴国际上先进的教育资源，创新教育理念与方式方法，以适应新时期发展需求。

二、互联网背景下高校思想政治课程教学模式创新

移动互联网课程开设的初衷，旨在增加学生的体验与参与。"喜欢选这个课"和"喜欢上这个课"有本质上的不同。我们的目标是让学生真正享受课程，而不是仅仅迎合他们对移动互联媒介的需求。即使我们成功地激发了学生对思政课的兴趣，在教学过程中也要灵活选用教学策略，严格甄别教学内容，以确保课程依然符合其初衷。随着移动互联网的迅猛发展，传统高等教育面临着巨大的冲击，高校思想政治课作为引导大学生树立健康价值体系和健全人格的主课堂也面临着严峻挑战，如何应对新技术带来的机遇和挑战，实现教育教学模式的创新，成为

摆在我们面前的一项重要任务。深入研究和探索这一问题，必将为高校思想政治课的教学改革注入新的动力，必将促进高校思想政治课教学迈上新的台阶。[①]

（一）设计移动互联网下高校思想政治课教学模式的原则

移动互联网下的思想政治课的教学设计并不是一件容易的事，需要综合考虑多方面的要素：首先，要认识到学习活动有着自身的规律性，应考虑其本身的特性；其次，还要考虑大学生的身心发展特征，特别是移动技术情境下大学生的学习习惯、心理活动以及自主学习能力等。为了确保思想政治课的顺利开展，必须采用合理而有效的移动技术手段，而在具体设计时通常需要遵守以下几个原则。

一是学生主体性原则。在学习过程中要注重对学生主体性的培养，让学生真正成为课堂学习活动的主人。而学生积极主动地参与学习过程则是这个过程的关键。在移动互联网时代，思想政治课学习已经成为学生与学习环境之间的互动过程。学生是主体参与者，而学习环境则包含各种信息，这些信息会对学生的思想产生不同程度的影响。如果学生不能理解或接受其中的某些信息，就会导致认知上的不平衡状态。因此，通过移动互联网进行学习的大学生，正处于从不平衡到平衡的交替转换中，学生的主观能动性在其中扮演着至关重要的角色，他们需要积极主动地参与到顺应或同化的过程中，这样才能及时有效地建立起对思想政治课意义的认知，并将所谓的不平衡状态转化为平衡状态。在进行移动思想政治课学习活动时，需要充分考虑学生的个体差异，例如初始能力、学习方式、需求等等，这样才能设计出符合当代"90后"和"00后"大学生特征的课程资源，调动他们学习的积极性和主动性，赋予学生自主选择权，进而实现积极、有效的学习。

二是情境化原则。活动理论认为活动是与特定的社会环境紧密相连的，因此所有的移动互联网学习活动都是在移动环境下进行的。然而，在这个整体环境之下，每个特定的学习活动情境的设立都会带来各自独特的形式的学习活动。在移动思想政治课的学习过程中，创造相应的情境是至关重要的，因为它直接影响到学习的效果。所以说情境创设是移动思想政治课学习过程中不可缺少的一部分。对于学习活动的分析设计，无论是在内部还是外部活动中，都必须依赖于相关的

---

① 陈金平. 多媒体时代高校的思政教育研究 [M]. 北京：北京工业大学出版社，2020.

学习情境，缺少这些情境的支持，就无法进行有效的分析和设计。这里的思想政治课学习活动情境创设主要包括以下两个方面：一是涉及移动互联网中的物理环境、移动计算环境或情境感知环境；二是由学生自主创造的移动学习场景。在设计移动思想政治课时，必须精心构建情境。合理的情境设置可以让学生更好地理解思想政治课的实际内容，并激发他们的学习兴趣，使学生能够积极参与到学习过程中，从而实现高效的学习。

（二）移动互联网时代高校思想政治课教学模式探索

对于移动互联网下的思想政治课学习，目前已探索出很多成功的模式。作者在学校的思想政治教学中形成了师生共建微信辅助混合教学模式和云班课移动课堂教学模式，一是组建学习小组和微信平台运行小组，通过将信息技术与传统课堂高度融合，及时有效地向学生分享资源并获取反馈，从而让课堂更具时代感和吸引力；二是利用云班课，拓展课堂教学范围，指导学生如何正确、合理地使用移动终端设备。针对思想政治课程，设计丰富多彩的教学资源，这不仅是为了提升思想政治课的授课效果，更是为了确保大学生的健康成长。

（三）创设移动互联网下思想政治课学习情境

为了激发学生的学习热情，移动互联网下的学习情境创设应尽量追求创造性和多样性。在移动互联网的时代，学习的应用场景变得非常广泛。例如，在有的学校，为了增强学生的思想政治课程的学习效果，现已开发了一个微信公众号。目前，已经成功地举办了一场党的知识竞赛，通过推送时事政治类消息，为大家带来了最新的政治动态。该校计划创建一个教育资源平台，挑选最适合展示在微信公众号中的资源呈现方式，根据课程需要设计各种模块，以实现移动网络教育和思想政治课堂教学之间的优势互补。

同时，在"思想道德与法治"课堂中，利用云班课实现移动课堂，将手机等移动设备应用到教学中，每一节课都会抽出10分钟的时间，对学生在课堂和课后学习中提出的问题进行解答，这些问题包括相关课程知识点的疑问以及作业遇到的难以解决的疑惑。同学们可以利用平台的投票功能，就一些热门话题发表意见，这样可以直观地展现学生的态度，让同学们更有参与感。这也有助于教学体系得到有效的反馈，实现良性循环。

（四）转变思想政治课教学理念和教育方法

在移动互联网时代，如果教师没有新的教学理论作为指导，就无法点燃学生学习思想政治理论课的热情，也无法发挥思想政治课育人的价值。尽管移动互联网为教师教学活动的开展提供了新的平台，但部分教师仍坚持使用过时的教学方式和理念，导致学生只是机械地按照过时的理论进行学习，无法充分发挥自身潜能。在移动互联网时代，学习思想政治课不仅需要了解传统学习的优缺点与局限性，还必须深刻领会移动互联网时代下思想政治教育的本质，并充分运用移动互联网资源开展教学活动。

首先，在确保完成总的思想政治课课程目标和教学任务的前提下，我们需要将教学方式从简单的"灌输为主"转变为师生共同探讨问题的方式。其次，从由教师设定统一的学习讨论和课后作业以及阅读内容，到根据学生类型设置不同的问题和书目，以及在教师指导下允许学生自主选择学习内容的方式进行改变。再次，从单纯地传授知识，向培养学生能力转化，由教师单一传授知识向师生共同探究转变；从传统的思想政治课教学模式向更多元化的教学方式转变；从单一的校内授课模式走向将校内外授课相互融合、将学校小课堂与社会大课堂相互渗透的转变。最后，考试方式由传统的"一考定终身"转变为更关注学习过程、思维方式和能力培养。

（五）对移动互联网下思想政治课学习进行正确引导

相对于传统的思想政治课课堂学习环境，移动互联网环境下的学习受到了多种干扰因素的影响，因此，教师有必要对大学生的移动互联网学习情况进行恰当的引导。随着移动互联网的普及，大学生在学习场景和活动上面临着与传统课堂环境不同的挑战，基于此，大学生需要逐步适应这种学习方式，并在适应过程中积累适合自己的学习方法和策略。教师应该合理引导大学生如何恰当地使用移动终端。

一方面，教师合理引导大学生规范使用移动终端。许多学生渴望利用移动网络获取知识，但他们缺乏系统化、合理化的方法。因此，学校需要帮助大学生养成在移动互联网环境下学习的意识和习惯，以便他们能够不断提高学习效率。因此，教师应该帮助大学生培养在移动互联网环境下的学习意识和习惯，同时激发他们的主观能动性，助力他们克服学习中的难点和困境，以达到在移动互联网学习中的最佳效果。

另一方面，引导教师转变教学理念。移动互联技术在教育中应用已经成为一种趋势，而移动终端设备则为实现这一目标提供了可能。因此，在信息技术条件下构建思想政治课学习资源系统具有可行性，也有利于实现教育资源共享、优势互补、促进师生共同发展。移动终端的辅助教学不仅能够填补物理环境和时间安排上的缺陷，更重要的是它能够适应不同教师的独特教学风格和知识管理方式，从而为学生提供更加个性化的学习体验。在移动互联网时代，通过思想政治课程的移动化教学，成功解决了人数众多、学生参与度不高的问题，同时也解决了教学时间紧张、学生学习反馈不及时的难题。

高校应该在多个方面投入努力，例如借助宣传、教育、考核等手段，积极引导大学生正确合理地使用移动互联网，帮助他们树立恰当的使用意识和策略。在对当代大学生的调查中发现，大多数学生都有过上网成瘾现象，并且存在着一定程度的消极情绪。为了帮助那些沉迷于网络的学生，我们需要定期或不定期地了解他们的使用情况，并为他们提供适当的心理辅导和干预。在对高校学生进行管理时，要注意加强与学生沟通，及时掌握其需求信息。以新闻报道和典型案例讲解为手段，引导大学生深入了解沉迷移动终端所带来的负面影响，从而提高他们在移动互联网学习方面的素养水平。

（六）加强思想政治课教学制度的适应性

引导学生尊重课堂教学的秩序，以培养他们对知识的敬畏之心。长时间沉迷于手机等移动终端会对大学生的身体和心理产生不良影响，导致一些学生出现"手机成瘾"等问题。手机等移动终端应被视为课堂辅助工具，而非让学生消磨时间的娱乐设备。在课堂上，学生应当紧密跟随教师的思路，利用移动终端与教师互动交流，积极参与到课堂中，随时向教师反馈自己所学和遇到的问题，使用移动终端提升思想政治课的实时性。

思想政治课堂是塑造师生精神风貌的重要场所，也是人才培养的核心领域。随着互联网时代的到来，网络成为学生获取信息的主要途径之一，而智能手机作为一种便捷的电子产品，也逐渐被应用于日常学习生活。大学生在上课期间浏览微博、玩网络游戏等行为，不仅会分散他们自己的注意力，还可能会影响到其他同学的学习效率。虽然有些学校规定禁止带手机，但是我们应该采取宽松的措施，适当限制手机的使用范围和功能，建立相应的教育制度，以此促进移动学习氛围的发展。特别是在思想政治课上，手机等移动设备并不会完全替代传统课堂的地位，而只是一种辅助和拓展课堂的方式。在思想政治课中，教师的言传身教和师生之间的情感交流是至关重要的，因为它们能够激发学生内心深处的思考和情感共鸣。

改善考核方式方法。传统的思想政治课通常会采取期末考试的方式来评估学生的学习效果，这将导致学生忽视了平时课堂学习过程的重要性，导致他们错误地认为只需要在期末进行突击复习就能轻松通过考试。对于思想政治课而言，教授知识只是一种手段，而培养人才才是其目标。学习马克思主义理论的目的是将其应用于实际生活中，因此我们应该更加强调过程性的考核，以便更好地指导我们的实际学习和生活。教师可以利用移动终端向不同专业的学生推送相关教学资源，以满足学生个性化学习的需求，并从多方面、多角度对学生的学习过程进行考核，从而达到整体目标的一致。

第三节　互联网背景下新型高校思政教学模式

一、师生共建的微信辅助混合教学模式

微信是一个为智能终端提供即时通信服务的应用程序，其功能涵盖了公众平台、朋友圈、消息推送等多个方面。公众平台作为微信中的一项服务系统，其功能是多种多样的，如实时交流、信息推送、素材管理等。对于学生而言，微信是一种广受欢迎的信息传播工具，因为其操作简单方便，可以轻松地获取和查阅微信公众平台的各类信息。充分利用微信公众平台的功能，打造师生共建的微资源分享平台，开发一种将传统的教与学方式的优势与数字化学习优势相结合的新型混合学习模式，将课堂教学拓展至课后，将课堂内容移至网络平台，将专业知识和信息分发至移动设备，实现知识与信息的移动化。

（一）师生共建的微信辅助混合教学模式设计

基于微信公众平台的新型混合学习模式设计分为前端分析、活动与资源设计以及教学评价设计三个部分。前端分析主要包括学习者特征分析、学习内容分析、混合学习环境分析；教学评价分析主要包括学习过程评价、课程考核评价等；活动与资源设计则以微信公众平台功能为依托，在教学策略的指导下，设计一系列与传统课堂互补的教学互动，如图6-3-1所示。

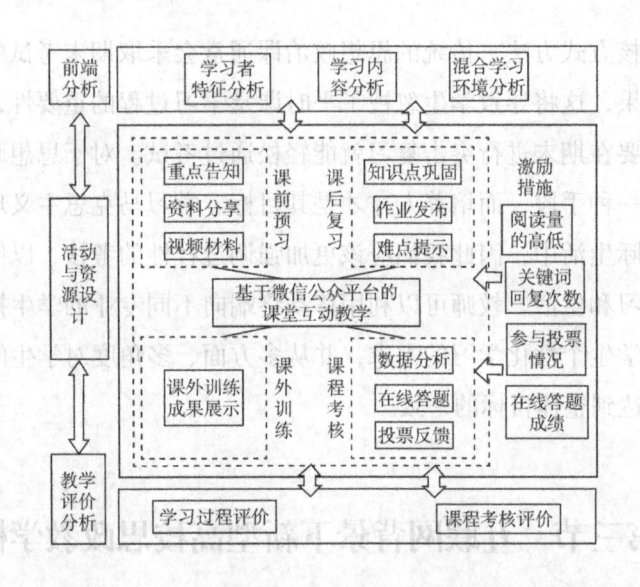

图6-3-1 师生共建的微信辅助混合教学模式

1. 前端分析

在课程开始前，需要对每门课程的基本情况进行详细的分析和解读，以确定是否适宜采用微信公众号进行混合式教学。前端分析包括以下三个方面内容。

（1）学习者特征分析：包括站在推动学生全面发展的高度，从学生自身的个性特征、兴趣爱好、学习基础等角度出发，对学生原有的知识水平、学习偏好等进行认真分析，掌握学生的基本情况。

（2）学习内容分析：包括对课程目标进行深入的挖掘，对重难点内容进行深入分析，以便确定哪些内容在传统课堂上学习比较适宜，哪些内容适合微信公众平台支持下的混合学习，以便最大限度地提高学习效率。

（3）混合学习环境分析：包括学生持有的移动学习设备、所处的网络环境、对微信公众平台的使用熟练程度等。

2. 活动与资源设计

活动与资源设计是依托于微信公众平台进行混合学习设计中最为关键的阶段，决定了这种新型混合学习模式能否顺利开展。微信公众平台为这种新型混合学习模式提供了一系列的教学支持，包括个人信息设置功能、社交功能、管理功能、数据统计功能等，可用于课前预习、课后复习、课外训练、课程考核等环节。

（1）课前预习：在微信公众平台上对新内容的重难点进行告知，结合各种材料，提供丰富多样的视音频材料等。

（2）课后复习：包括知识点巩固、作业发布、难点提示等。

（3）课外训练：主要以小组形式开展课外训练，之后将训练成果在微信公众平台上进行展示。

（4）课程考核：包括数据分析、在线答题、投票反馈等。

上述四个环节都是以师生课堂教学互动为核心。对于在课前预习、课后复习中遇到的问题，可以直接在微信公众平台向教师提问，也可在课堂上通过发送弹幕到投影设备上进行提问，由此不仅教师可以解答学生的问题，学生与学生之间也可以相互解答；对于在微信公众平台上进行小组课外训练的成果展示，学生之间可以相互提出意见和建议，进行经验的分享交流，并且这种形式打破了传统课堂展示在时间、空间上的局限，形式更加丰富；对于学生学习这门课程的考核，微信公众平台提供了后台数据分析、投票等功能，不仅教师可以根据数据分析对学生学习情况进行评价，学生之间也可通过投票的方式相互进行评价。

活动与资源设计采取一系列的激励措施，主要包括：推送阅读量的高低、关键词回复次数、参与投票情况、在线答题成绩等，这些都与学生期末成绩挂钩。

3. 教学评价设计

教学评价设计在前面两个部分的基础上，对教学效果进行评价，主要包括以下两个方面内容。

（1）学习过程评价：对于每位学生在微信公众平台上的行为表现，进行量化的统计分析，包括提问次数、查询频率以及阅读效果等。

（2）课程考核评价：在微信公众平台上进行在线答题，答题分数的高低在一定程度上反映了学生的学习效果。

师生共建微资源分享平台构建的新型混合学习模式相比于传统课堂教学和单一的微信公众平台具有显著的优势：一方面它汲取了传统课堂教学系统化学习课程知识的优点，另一方面它又借鉴了微信公众平台碎片化、泛在性的学习优势，可以说，它是传统课堂教学和信息技术结合的产物。它将两种学习平台之间的学习资源有机结合起来，取长补短，既包括了可以相互转换的部分，又保留了各自的优势学习资源，这样学习者就能根据自己的需求进行自主选择学习。在大学专业课程的教学过程中，一直存在着学生数量众多、课堂规模庞大、学时分配有限、学习效果不尽如人意的难题。教师对教学重点、难点等进行深入挖掘和提炼，设计和制作微资源，并通过微信公众平台向学生推送；使用该平台的数据分析功能进行学习效果评估，同时还可以与学生互动交流，并提供学习支持和帮助。

（二）师生共建的微信辅助混合教学模式操作流程

1. 建立 Workshop 学习研究小组

要组成一个 Workshop 学习研究小组，首先对现有的学习资源从结构和内容方面进行解析与归类，从中分拣出适合进行移动学习的学习资源模块。然后根据课程授课进度安排学生进行相关内容的收集和整理，形成专题学习内容，根据微信公众号运行情况，进行知识点推荐、相关案例整理等。

2. 建立微信公众号

教师根据课程类别建立微信公众号，一门课程分为不同的学习主题，学习主题又由众多知识点按照逻辑结构组成。目前，微信公众号最多创建 3 个一级菜单，每个一级菜单下的子菜单最多可创建 5 个。教师可以根据教学需求把不同学习主题设置为一级菜单，再把学习主题下的知识点放置到相应的子菜单上，以便学生快捷地通过分类菜单获取资源，从而提高学生学习的效率。

3. 微信公众号内容制作和推送

教师可以根据教学情况，确定公众号每期推送的主题与推送时间。学生可以使用各种媒体形式对学习主题或知识点进行编辑整理，然后将其推送到公共平台上，与其他学生分享，进而提升学生碎片化的学习效果。随着信息传播渠道的日益多样化，传统的单一载体已经不能满足人们对碎片化信息接收和处理的需求，为了使碎片化的知识更易于系统地理解，可以采用多图文消息的方式，将微信单篇文章集中到一篇多图文消息中，从而实现对碎片化知识的结构化整理。除了内容推送外，还可通过关键字自动回复、留言等功能进行一对一答疑。

4. 学生订阅、使用微信公众号

学生在课前订阅微信公众号，教师在教学过程中使用微信公众号进行辅助教学，并且督促学生使用公众号，让学生养成习惯，使微信公众号成为学生学习专业知识的在线平台。

5. 建立考评机制

微信公众平台具有对推送内容的点赞、留言、投票功能以及后台数据分析功能，因此，不仅教师能对学生完成任务情况进行评价，学生之间也可以互评，而且还可借助第三方平台的功能进行小测试。通过互评以及测试结果，给予学生奖励，以此来调动学生学习的主动性、积极性。

（三）师生共建的微信辅助混合教学模式功能

可借助微信公众号推送思想政治理论课学习资源，构建一个移动学习环境，以推广思想政治理论课的学习为目标，通过提供更加便利的学习方式，帮助学生更好地融入学习中，进而激发他们的学习兴趣，培养良好的学习习惯。

课前，教师可申请一个名称为"高级办公课程学习平台"的课程订阅号。教师可以结合教学计划和自身特性以文字、图片、视频等多种形式将思想政治理论课的教学内容、教学进度、教学目标等诸多内容上传至微信公众平台，并设置具体的教学任务，引导学生进行自主学习。当学生完成自主学习任务后，就可以学习较难的知识点，对于难以理解的知识点可以反复学习。为了检验学生的自学效果，教师还可以上传相应的练习题，从而掌握学生学习中的难点。学生也可以将自己无法自主解决的疑难问题记录下来，以便在课堂上向教师请教。

课中，老师将微信公众号转化为一个教育成果展示的平台，通过展示优秀的思想政治理论课作品、先进人物事迹纪录片和领导人的重要讲话等真实案例来感染学生，传播思想政治教育的积极影响。教师可以利用微信平台定期发布课堂测试题目，鼓励学生在碎片化时间里参与答题，还可以通过该平台发布考核结果，以正面评价的方式激励学生由"只关注成绩"的学习方式，转变为"更关注学习过程"的学习方式。

　　课后，教师可以利用微信的订阅、推送和自动回复功能，在课下将思政课的学习资料上传至微信平台，存储到素材库中，然后要求学生通过回复关键词来观看相关的信息和内容。教师可以登录微信公众平台订阅号的管理后台，统计学习资源的点击率、阅读量和转发量等数据，以获取学生学习状况、阅读和点赞情况等信息。这样可以更准确地了解学生的学习状况和思想动向，并给出有效的反馈。教师也可以查看用户关注或参与相关话题讨论的次数，及时调整教学方案与教学策略，提高教学效果。除此之外，教师还可以利用定时发送的功能，计划将与思想政治理论课有关的作业、考试、实践活动等信息，在设定好的期限内，发送到微信平台上。

　　研究表明，采用微信混合式教学模式，在课前、课中、课后进行引导，不仅有助于激发学生的学习兴趣，提高教学活动的参与度，同时也有助于他们促进团队协作能力，培养创新思维和创造意识，从而有效实现思想政治理论课的教学目标。尽管微信凭借其信息传播速度快、交互性强等优势成为颇受教师和学生喜爱的教学手段，然而，在教学实践中，教师仍需关注以下问题：首先，微信本身具有娱乐和社交属性，这可能会使学生的注意力分散。因此，教师必须合理地引导和监督学习过程。其次，微信所提供的知识只是零散的，因此在进行教学设计时，必须以教学目标为中心，注重知识的系统性和完整性。只有这样，才能帮助学生形成对思想政治理论学科的整体认知，避免思维的碎片化。再次，随着科学技术日益发展，微信等软件将在高校思想政治理论课教学中扮演越来越重要的角色。因此，我们需要自觉提升对新媒体的应用能力、教育教学技巧，加强思想政治素养，为高校思想政治理论课的教学提供更好的服务。

　　有关研究表明，微信公众平台具有的推送信息的功能有助于增强教师与学生的沟通交流，对于提高教学质量和效果有着积极意义，但现实情况是，教师的工作比较繁忙，他们除了教学之外还需要承担一定的科研任务，时间和精力有限。若缺乏专人看管，微信公众平台很容易陷入形式主义，甚至可能出现微信公众平台被随意删除或修改等不良现象。为了推动微信公众平台的持续健康发展，各高校结合自身实际探索了多种微信公众平台管理形式，结果发现"教师与学生共同管理，服务学生"的师生共建是其中较为有效的形式，在高校中得到了广泛应用，具体内容如下：教师的主要职责是确定公众平台的定位和内容框架，以及审核一些敏感信息；而学生则需要编排和发布原始图文资料，并承担一些管理工作，同时定期向教师反馈信息发布情况。这样就形成一个以学生为主体、老师为主线，由学生主动参与的良性互动机制，通过这种方式，学生的自我认同感得到提升，让学生服务学生，不仅让微信公众平台的推送信息更贴近学生需求，同时也营造了同学之间共同进步的良好氛围。

总而言之，在互联网时代，建立高校思想政治微信公众平台有助于提升思政课的实效性，借助网络可以缩短师生之间的距离，增强学生对思政课的亲近感，并且运用微信公众平台来扩展教学也符合时代发展的趋势和潮流。高校思想政治课微信公众平台的创建是一项系统的工程，需要多方合力：首先，各级教育部门要深刻认识到微信公众平台在高校思想政治教育中的重要意义，对高校思想政治课微信公众平台的创建给予高度重视；其次，高校领导要予以大力支持，并将高校思想政治课微信公众平台的创建纳入学校管理体系，提供必要的物质资源和人力资源支持；再次，思想政治课教育工作者要持续探索思想政治课与信息技术结合的新路径、新方法，共同努力营造思想政治课轻松、愉悦的教育氛围。

（四）师生共建的微信辅助混合教学模式注意事项

（1）硬件配套。在高校中，微信教学的使用必须具备相应的条件。在硬件方面，为确保微信教学课堂交流讨论的顺利进行，需要确保每位学生都配备智能手机，并且学校接入互联网并最好实现WIFI全覆盖。就软件而言，它需要学校的支持，并鼓励学生熟练掌握微信等工具的使用能力，同时要求学生自律自制，避免因沉迷于网络、游戏和聊天等而影响学习。

（2）合理分配。微信教学仅能发挥协助课堂授课的作用。教室一直都是课程教学的中心，同学们在教室里获得有条理的知识传授。通过引入微信教学的方式，可以将课堂教学延伸到课外，激发学生对知识的兴趣，促进师生之间以及学生之间的有效互动。然而值得注意的是，微信教学所传达的知识通常是零散的，难以建立完整的知识体系。因此，微信教学应当作为课堂教学的补充而非主要教学方式，应注意不要弄颠倒主次，更不能用微信教学取代传统教学。

（3）灵活运用。在运用微信教学模式时，需要采用灵活多样的策略。俗话说：教学有法，教无定法。微信教学需要具备一定的操作模式，但同时也不能机械地套用固定的模式，需要不断地改进和创新，使其更加灵活多样化。

二、云班课移动课堂教学模式

随着移动互联网和移动设备的普及，我们的生活方式发生了翻天覆地的变化，我们现在可以随时随地地上网，同时，智能手机的广泛应用也为我们的教学改革提供了巨大的便利。

云班课教学平台的界面简洁精致，易于操作，功能符合教师的实际需求。它能够有效地改善教学方式，提供丰富的教学资源，配合翻转课堂的教学模式，是课堂重构的有效方式之一。更重要的是，它能够激发学生的主动性和积极性，让教学过程更加轻松、有趣。

（一）云班课的概念

云班课的良好运转离不开网络云端的支持，教师在网络云端创建的班群和班课空间是其前提和基础。它以移动设备为载体，为学生提供课程订阅、消息推送、作业、课件等多种服务，从而实现教师与学生之间教学互动、资源推送和反馈评价。随着教育改革步伐的进一步加快，信息技术在教育领域中的应用日益广泛，越来越多的高校将云班课应用到思想政治理论课中，取得了显著的成绩。首先，应始终坚持人本主义理念，坚持以学生为中心；其次，通过课前导学、课中参与、课后延伸等多种方式，实现学生全程参与教学实践。它是一种新型教学模式，也是高校思政课改革发展的必然趋势。实践证明，采用这种教学形式有助于激发学生的自主学习意识和积极性，增强师生之间的互动，进而提高思想政治理论课的教学效果和针对性。云班课教学将教师备课、师生互动、学生学习答疑和指导、作业布置、作业批改等多个环节有机地融合在一个小型云服务平台上，使得原本需要用纸和笔完成的任务得以转化为手指点触即可完成的任务。这种方式可以使师生之间的互动和反馈更加及时，而非局限于课堂提问或举手回答的方式。

教育教学改革的目标之一是重构课堂，而翻转课堂教学模式是实现课堂重构的有效方式之一。尽管教育界的专家学者认识到翻转课堂教学模式对于教育教学改革具有积极意义,然而受多种因素的制约,翻转课堂教学模式在实践中总是不尽如人意。随着信息技术的不断发展,以云班课为代表的信息技术为翻转课堂的实现提供了可能性。翻转课堂以学习者为中心,强调师生互动交流与共同协作。学生是学习的主体,若主体缺乏对学习的热情,那么教学改革只能成为一种空洞的口号罢了。通过云班课,学生能够自主地学习课前知识,使得教师在课堂上更加专注于知识的深化和巩固,同时学生有更多的机会在课堂上互相交流、展示和提高自己,这正是真正意义上的翻转课堂教学。

(二)云班课功能的介绍

1.跟踪每个学生的学习进度,及时进行评价与考核

在每个模块学习完毕后,老师可以在云班课上上传测试题。系统可以自动随机生成多份试卷,每个学生抽取其中一份。学生完成测试后提交,系统会自动地计算每道题目的正确率和完成时间,并及时反馈给老师。

此外,云班课对每位学生进行"经验值"评估,学生们可以通过签到、完成作业、下载课件、浏览视频和学习资源等方式获得经验值,经验值会随时更新,方便教师随时查看和掌握情况。

2.随时随地开展师生互动,提高教学质量

与其他在线教学平台相比,云班课提供了更完善的移动端体验设计,不仅支持 iOS 和安卓两大主流系统,而且可以在手机和平板上灵活使用,同时也提供了电脑客户端供用户操作。受多种条件的限制,传统的网络教学平台难以支撑私人服务器,为了确保网络教学平台的顺利运行,通常由负责一个院系或专业的负责人来管理。平台仅提供发布教学资源,例如课程材料和模拟试卷,以适应不同教师所开设的课程。这种方式虽然方便了师生间的沟通,但无法保证所有资源都能够被及时有效地推送给用户。相比于网络教学平台,云班课不仅在课堂教学中呈现出独特的风格,而且在课后也有着巨大优势。从课堂教学的角度来说,其优势体现在如下方面:第一,通过在云班课群中发布讨论问题引导学生使用 APP 进行文字讨论,教师可以有效避免上课时间的口头交流,从而避免课堂呈现喧嚣的氛围;第二,每个人可以自由地表达自己的想法,无需举手或起身回答问题。即使答案不正确,也不会感到尴尬;第三,通过在线讨论,教师可以实时了解学生

的看法，并对那些表现出色、观点新颖的学生给予回馈，如对回答正确的学生进行"点赞"。教育实践证明，采用这种讨论方式不仅能够活跃课堂气氛，而且每次参与讨论都可以增加学生的"经验值"，这对于那些平时不注重课堂、不爱参与讨论的学生来说是一个鼓励，有助于他们在期末考核中留给教师一个好印象。从课后的角度来说，教师可以在课后的群组中引发探讨，学生则可向教师沟通解惑。不同于 QQ 群，云班课提供了一种个性化的教学方式，即学生不仅可以就具体的知识点和问题向教师提问，同时在群组中，所有学生都可以共同探讨，提交的结论形式也是多种多样的，学生可以根据自己的喜好，自由地选择视频、图片和 Word 文档等多种形式。

3. 开展丰富多彩的实践活动，不断提高学生的综合素质和能力

通过云班课平台，学生能够灵活地获取学习资源，自主地安排学习进度，从而提高信息获取能力和自学能力。小组协作是云班课平台应用较为广泛的教学形式。有关研究表明，在教学中运用小组协作学习方式不仅有助于培养学生的团队合作能力、沟通技巧、思辨能力，而且有助于提高学生的综合能力。云班课堂平台是基于互联网技术的新型教学模式，它的良好运作有赖于后台的维护和管理，为确保云班课堂平台的正常运转，应积极鼓励学生参与到平台的管理和建设中来。可以鼓励每位学生创建一个属于自己的云端课堂，整理并收集所有相关的学习资源。同时，老师们可以创建一个私人圈子，将平行班级的学生全部加入，学生可以分享他们认为有价值的资源，并且老师可以为这些分享"点赞"。这样既能满足不同层次学生个性化发展需求，又为师生提供了互动交流空间。通过实践不断提升学生的文字编辑技能和组织协调能力，以达到更高水平的学习效果。

（三）云班课的运用与实践

当前，蓬勃发展的移动互联网使人们进入了交流便捷的网络时代，其产生和发展离不开如下条件的支撑：一是智能手机、平板电脑等移动设备和智能操作系统的普及，二是移动网络、移动设备和应用软件等基础设施不断壮大。移动互联网被广泛应用于各行各业中产生了深远的影响，教育领域也不例外。为此，必须加强互联网思想政治工作的载体建设，需要更进一步地完善互联网思想政治工作的支撑设施，进一步提升学生互动社区、主题教育网站、专业学术网站以及"两

微一端"建设的质量和水平。同时也要求我们必须重视新媒体对当代高校学生学习生活方式的影响作用，积极利用新兴媒介传播社会主义核心价值观。为了确保学生能够及时了解最新的马克思主义中国化理论成果和相关学科的前沿信息，我们需要借助网络平台进行有效传递。近年来，作者结合教学工作进行了有益的尝试，以帮助学生更好地吸收这些知识并入脑入心。

很多思想政治课教师经过云班课教学尝试，深刻认识到在移动互联网时代，将各种多媒体手段渗透进思想政治课堂教学过程非常有必要。当教师创建一个学科云班课时，系统会自动生成一个邀请码。教师可以公布该邀请码，让学生加入该云班课。这样，教师就能够方便地管理班级中的每一位学生。

通过安装云班课 APP，学生可以即时接收教师传递的课程信息、学习资源、考试安排等。此举让手机成为有效的学习工具，进而鼓舞了学生主动利用手机进行学习的热情。

云班课平台应用在教学中可以分为课前、课中和课后三个环节。课前，教师结合教学内容精心准备微视频、音频、动画、图片、PPT 课件、文档等资料，并将其上传到云班课中，班里的每位学生都能够顺利分享这些资料并按时完成预习任务。课中，教师借助云班课的互动功能开展教学活动，针对不同的教学内容，设计辩论赛、分组讨论、头脑风暴等形式的活动，云班课为所有学生提供了平等参与的机会与平台，使得所有学生都能参与，即使有个别学生因准备不充分、自信心不足等原因未能参与教学活动，教师也能即刻得知。此外，教师还可以利用云班课的通知功能提醒尚未参与的学生。课后，云平台的应用更加的广泛，教师可以以利用云平台来进行投票、问卷调查、答疑解惑和展示学生的优秀作品等课后活动。除此之外，教师们还可以利用云班课教学平台来完成课堂签到、活动参与数据统计、学习进度跟踪、答疑互动、学生表现评价、通知发布以及考试评分等各种教学组织工作。

项目学习结束之后，每位学生都会得到一个总评分，总评分＝个人分（满分50）＋集体分（满分50），其中，个人分＝电子教材（5分）＋自学测试（15分）＋微课视频（5分）＋头脑风暴（10分）＋课堂表现（15分）；集体分＝完成方案策划（10分）＋小组自评（10分）＋小组互评（15分）＋教师评价（15分）。此外，按标准流程上台演讲展示的同学可获得额外加分。值得注意的是，各项测试可由教师根据课程内容需要自行进行设置，评分标准也可由教师根据课程内容的需要自行设置。由于云班课教学平台当前只能完成个人评分模式，集体评分尚且无法自动生成，所以该评价模式最终由教师在积分本上汇总完成。

（四）云班课移动教学的优点

云班课教学模式之所以能够取得如此好评，主要有以下几个原因。

1. 以手机为学习工具，符合学生生活习惯

随着网络技术的不断完善，手机在学生的学习、生活中的地位和作用日益凸显，已然成为学生学习、生活中不可或缺的要素。既然学生们无法脱离手机，不妨将其实际利用起来。课堂时间毕竟是有限的，教师只能讲授重点内容，而云班课使得学生能够借助网络随时随地地学习。他们可以用手机观看微课、测试和讨论，与同学互动交流，甚至可以利用碎片化时间进行学习。相比需要使用电脑才能学习的精品课程学习平台，对于那些没有电脑或不便使用电脑的学生而言，用手机作为学习工具更为方便，得到了更多学生的青睐和欢迎。

2. 系统功能简单方便，符合学生学习习惯

学生都有畏难情绪，他们更愿意接受简单的学习任务和学习过程。而学生在使用云班课时只需要按照学习指南完成阅读、测试、参与讨论即可，动动手指即可完成，且每一个环节都控制在3分钟之内，这是一个知识接受的过程，再配以图文并茂的微场景和微视频，学习就更加简单了，这符合学生先易后难的学习习惯。

3. 资源展现形式新颖，符合学生认知习惯

云班课教学平台可以汇集很多资源，教师可以将平时教学的教材、PPT、视频等多种资源上传供学生下载学习。但要真正吸引学生，这些未经精心策划的资源和活动往往不够，作者在教学过程中将学习指南、测试、教学案例、课件等资源按教学进度及时发布出来，尤其是党的重大会议、决策、部署等，学生可以重复观看学习。

4. 互动评价及时明确，符合学生心理习惯

云班课根据学生参与学习的程度累积"经验值"，还可根据"经验值"的高

低划分为"蓝钻学霸""白银学霸"等多种等级，满足学生的竞争心理。当学生完成一个学习阶段后，系统会自动为其增加相应的"经验值"。当学生完成一个测试后，系统会根据学生的成绩自动进行排名。在每次讨论结束后，教师可以就学生的表现进行评价，如"点赞"、加分等。教师借助系统对每个环节进行监控，以便及时提供有益评价和正面激励，从而激发学生的学习动力和热情。

（五）对云班课平台的总结与思考

利用云班课平台进行思想政治理论课的移动教学，全程覆盖了课前、课中、课后三个环节，有效增强了学生学习课程积极性，提升了思想政治课的教学成效。尽管目前云班课的实践教学工作已经取得了丰硕的成果，但是仍然有许多问题需要进一步深入研究和探讨。

（1）云班课成功实践的条件。任何事物的发展都离不开一定条件的支持，云班课平台建设也不例外。云班课在高校教学实践中的顺利实施，需要满足以下两个条件：第一，畅通的网络；第二，学生在课前、课中和课后均表现出踊跃的参与态度，并给出有益的反馈。然而，在实际情况中，我们发现一些大学生缺乏自我控制能力和主动学习意愿，缺乏完成任务的积极性。一些学生总是在上课时打开与课堂内容无关的电脑应用程序。如何帮助高校学生提高他们的自我控制能力是高校思政政治工作者需要思考的热点问题。

（2）教学活动设计，考验思想政治课教师教学设计和课堂运作的能力。必须合理安排教学环节，确保教学活动具有精准性和趣味性。这意味着思想政治课教师需要具备出色的课程设计技能和教学能力。

（3）高校作为社会主义建设者培养的主阵地，在知识经济背景下，应契合时代精神培养具备创新能力和高素质的高技能人才。基于此，我们需要从社会需求和学生全面发展的角度出发，进一步思考在信息化教学改革中如何挖掘云班课的潜力，发挥云班课的作用，进而培养学生的创新精神和实践能力。

参考文献

[1] 张蕾蕾.网络时代的智慧思政课[M].上海：上海社会科学院出版社，2021.

[2] 曾洁."互联网+"背景下高校思政教育模式探究[M].北京：世界图书出版公司，2017.

[3] 王左丹，房慧玲.思想政治教育教学研究[M].广州：广州中山大学出版社，2022.

[4] 裴孝金，宋晓宁.思想政治教育创新研究[M].长春：吉林大学出版社，2022.

[5] 浙江旅游职业学院马克思主义学院.思想政治教育理论与实践研究第2辑[M].长春：吉林大学出版社，2023.

[6] 刘淋淋，刘名学，段华琼.大学生思想政治教育实践与创新[M].延吉：延边大学出版社，2022.

[7] 王永，王曲云，黄舒，等.高校思政工作者心理育人实务[M].合肥：中国科学技术大学出版社，2022.

[8] 徐正飞.互联网背景下的思政教学理论与实践[M].北京：九州出版社，2022.

[9] 黄河，朱珊莹，王毅.高校思政课程实践教学探究[M].长春：吉林大学出版社，2022.

[10] 李鸿雁，张雪.高校思政课教学改革与创新研究[M].延吉：延边大学出版社，2022.

[11] 邹成毅."互联网+"背景下高校党建和思政教育工作创新[J].中学政治教学参考，2023（29）：100.

[12] 樊国庆.面向网络舆情的思政教育创新策略[J].中学政治教学参考，2023（28）：106-107.

[13] 易遵德.互联网信息技术与思想政治课教学融合的实践探索 [J]. 内江科技，2023，44（07）：78+57.

[14] 史恒，彭早.网络强国视域下学校网络思政教育实践革新 [J]. 中学政治教学参考，2023（28）：19-22.

[15] 孙飞.新媒体时代高校思政教育工作面临的挑战和机遇研究 [J]. 大学，2023（21）：29-32.

[16] 范帅邦，刘蕊，王晓彤，等.大数据、"互联网+"背景下高校智慧型课程思政建设问题与协同育人机制研究 [J]. 大学，2023（21）：133-136.

[17] 马莎莎.高校思政课线上线下混合教学实效性提升措施 [J]. 科学咨询（教育科研），2023（07）：111-113.

[18] 何长福，袁小鹏.信息技术对思政教育创新发展的驱动作用 [J]. 中学政治教学参考，2023（26）：82.

[19] 姚瑶.互联网环境下的大学生思想政治课教学改革研究 [J]. 湖北开放职业学院学报，2023，36（13）：124-126.

[20] 詹芳香，杨柳，李丹."互联网+"时代高校思政课程的教学模式研究——评《互联网+时代背景下高校思政课程的教学模式探究》[J]. 中国科技论文，2023，18（07）：828.

[21] 陈启虞.微电影在高校思政课教学中视听传播实效性研究 [D]. 合肥：安徽财经大学，2023.

[22] 黄月君.人工智能时代高校精准思政研究 [D]. 合肥：安徽财经大学，2023.

[23] 李青青.习近平法治思想在高校思政课教学中的价值彰显及实现路径研究 [D]. 济南：山东师范大学，2023.

[24] 邓博文.高校网络思想政治教育实效性提升路径研究 [D]. 兰州：兰州财经大学，2023.

[25] 孙婧.中华优秀传统文化融入高中思政课教学探究 [D]. 西宁：青海师范大学，2023.

[26] 鲁晴.党员思想政治教育的"互联网+党建"模式研究 [D]. 长春：东北师范大学，2020.

[27] 王晓玲. "互联网+"时代大学生日常思想政治教育实效性研究[D]. 长春：东北师范大学，2020.

[28] 王文媛. 新时代互联网企业思想政治工作创新研究[D]. 武汉：中南民族大学，2020.

[29] 孟文琪. 共情理论视角下高校思政课育人共同体建构[D]. 石家庄：河北师范大学，2023.

[30] 赵敏. "互联网+"时代高校思想政治教育话语权研究[D]. 大庆：东北石油大学，2021.